モチベーションに火をつける働き方の心理学

HIROSHI IKEDA
池田 浩［著］

日本法令®

まえがき

ご存じの通り、この数年にわたり、人々の働く環境は目覚ましく変わりました。そして、今後も大きく変わろうとしています。

人々の「働き方」について、国を挙げて大きく見直そうとする取り組みが「働き方改革」です。少子高齢化で労働生産人口（働き手）が減少するなか、国や企業はなんとか働き手を増やし、生産性を上げようとしています。それに伴い、人々の働き方には大きな変化がもたらされようとしています。

２０１９年４月以降、働き方改革関連法案が順次施行開始されました。その一つに労働安全衛生法の改正があります。各企業において労働時間の把握が義務化され、適切な勤怠管理、労務管理を行うことによる長時間労働の見直しが進められました。

長時間労働を見直し、ワークライフバランスを促すことは、長期的には望ましいことです。しかし、仕事量が変わらず、人手不足感も否めないなかで、より短時間で、以前と同等の成果を出すことは容易ではありません。働き方を見直しつつ、集中的に高いモチベーションを持って取り組む必要があります。

働き方そのものも大きく変わりました。数年前には想像もしなかった在宅勤務などのテレワークも、感染症対策としての側面が後押しして、多くの人が利用するようになりました。テレワークは、ウィズコロナやアフターコロナにおけるニューノーマル（新常態）においても、一定程度定着していくと予想されています。ところが、テレワークは職場から離れて独りで仕事を行うため、自分なりにメリハリをつけながら取り組まないと、かえって仕事がおろそかになるリスクを抱えています。まさに、一人ひとりの自律的なモチベーションが問われています。

仕事を担う働き手にも多様性が生まれつつあります。女性活躍はもとより、定年を過ぎたシニアの活躍が大きく期待されています。ところが、シニアが抱える気持ちが置き去りにされたまま、雇用促進の制度が一人歩きしている感も否めません。シニアの心のモチベーションに火をつけて、彼らが持つ経験と能力を活かすための施策とマネジメントが求められています。

また、チームで働くことにも以前に増して関心が高まっています。ところが、集団やチームで活動したことのある人であれば誰もが経験したことがあるように、チームになるとかえって十分な力を発揮せずに手抜きをしてしまう人がいます。これでは他のメンバーの士気も下がりかねません。チームで働くメンバーのモチベーションや、チーム全体のモチベーションをいかに上げるかが大きな鍵となるのです。

本書は、人々がこうした働き方の変化を克服し、自律的なモチベーションを高めるために、産業・組織心理学や社会心理学の知見に基づいた実践的な示唆を提供することを目指しています。そのため、まずは昨今の働く人々が直面している働き方の変化を整理して、それが働く人々の心理や行動にどのような影響を及ぼすのかを解説します。そのうえで、自律的なモチベーションを高めるための方法を示します。

新しい働き方に直面している人々や、そうした環境でマネジメントにあたっている管理者の方々に、ぜひ読んでいただきたいと思います。

令和2年12月

研究室にて

池田　浩

※なお、本書の研究の一部は日本学術振興会（ＪＳＰＳ）科研費（課題番号・若手研究（Ｂ）２５７８０３８３、基盤研究（Ｃ）２０Ｋ０３２９４）の助成を受けている。

目次

第5章　シニア活躍のための心理的な鍵

第6章　チームのモチベーションを高める方法

第7章　チームに自律性を生み出す感謝の心

第8章　個人とチームの自律性を醸成するサーバント・リーダーシップ

第1章

人々に迫り来る働き方の変化

1 成果はモチベーションに左右される

働き方を大きく変える環境の変化

昨今、人々の「働き方」が大きく変わりつつあります。

いつの時代も、組織やそこで働く人々には、与えられた職務を遂行して成果を上げることが求められています。これは、時代を超えた不変的な営みといえます。しかし、かつては、成果を上げるために、労働者が長時間労働を強いられることも珍しくありませんでした。高度経済成長期以降、日本では定時の就業だけでなく、残業が当然と見なされるようになり、時間あたりの効率性は低いどころか、時に心身の健康が脅かされることすらありました。

こうした動向から、働く人々は、成果を上げることだけでなく、働きがいや幸福感などのウェルビーイングをも重視するようになりました。これと関連して、仕事だけでなくプライベートや家庭生活を充実させようという社会意識が高まり、現代の組織には、ワークライフバランスへの配慮が求められています。もちろん、仕事と家庭を両立することは容易ではありません。働く女性はもとより、最近では、家庭や育児に積極的に参加する男性にとっても、仕事の忙しさによって家庭がおろそかになったり、逆に子育てなどの家庭生活が原因で十分に仕事に取り組めないことに葛藤を感じる「ワーク・ファミリー・コンフリクト」の解決が大きな課題となっています。こういった課題に対処するため、働き方の見直しが求められています。

人々の働き方は、科学技術の革新によっても大きく影響を受けてきました。近年では、1990年代の中頃から、IT（Information Technology）化と称されるパソコンやインターネットなどの情報技術の革新が大きな変化をもたらしました。パソコンはもはや仕事に不可欠なツールとなり、職場の同僚や上司をはじめ、仕事で関係する人々とのコミュニケーションでもEメールを活用することが当たり前となりました。働く人々のコミュニケーションのあり方を大きく変えたといえます。

最近でも、デジタル化やAIの開発など、科学技術の進歩は目覚ましく、それらの利点と可能性によって組織の生産性を高めようと、多くの企業が導入しつつあります。そうなると、当然ながら、企業で働く人々もそれに適応する必要があります。

また、少子高齢化による労働生産人口の減少に伴い、昨今、国は「働き方改革」の旗のもとに、人々の働き方を大きく変えようとしています。これにより、何をもたらそうとしているのでしょうか。

1つ目は、「長時間労働」を是正して、時間あたりの生産性をさらに向上させることです。例えば、日本生産性本部が公表している「労働生産性の国際比較」によると、経済協力開発機構（ＯＥＣＤ）のデータに基づく２０１８年の日本の労働生産性は、ＯＥＣＤ加盟36か国中21位で、主要7か国（Ｇ７）では最下位です。この結果は、我が国の時間あたりの生産性の低さを物語っており、いかに生産性を高めるかが今後の大きな課題といえます。そして、これに対処するため、長時間労働是正のための方策が、すでに多くの企業で取り組まれています。

とはいえ、人手が足りない状況のもとで、以前と変わらない仕事を、より少ない時間でこなすのは容易ではありません。むしろ、膨大な仕事量やマルチタスクによって労働者が疲弊するなど生産性が低下するリスクをも抱えています。そのために、働き方そのものに対する抜本的な見直しが求められているのです。

2つ目は、働き手を増やすことです。例えば、労働市場に参加していない女性や、定年を迎えた高齢者（シニア）などの就業を支援する、というものです。そのうちの一つとして注目されているのが、「テレワーク」の推進です。子育てや介護のために仕事を断念していた人々が就業し続けられるよう、職場外でも仕事ができるテレワークを認める動きが広がりつつあります。テレワークは、２０２０年春から世界的に拡大した感染症への対策として、多くの組織で導入されるようになりました。そして、今後もこの新しい働き方は定着していくと見込まれています。また、定年を迎えたシニア世代についても、彼らの経験と活力を活かしながら、長く働き続けてもらうための人事制度や支援が広がりつつあります。

さらに、複数の会社で働く「副業・兼業」の促進が、国から企業へ呼びかけられています。労働時間管理などの課題はあるものの、異なる組織で働く経験が本業の仕事に肯定的な影響を与えるなどのメリットが期待されています。

このように、私たちの働き方はさまざまな環境の変化にさらされつつ、その影響を受けています。そのうえで、現在よりもさらに高い成果を出し、同時にウェルビーイングを実現するために、その要請に適応した働き方を模索していく必要があります。それを担うのは、働く個人であり、それを管理する組織です。そして、そのための鍵となるのが、働く個人の「自律的なモチベーション」といえます。

仕事の成果を決めるもの

仕事で成果を上げるうえで、モチベーションは重要な役割を持ちます。例えば、仕事において成果を上げるために必要な要件を整理した理論として、組織心理学者のローラーとポーターによる「MARSモデル」があります（図表1－1）。

これは、組織で働く人々の成果（パフォーマンスや業績、効率性、安全性などの結果）は、

■モチベーション（Motivation）

図表1－1　MARS Model

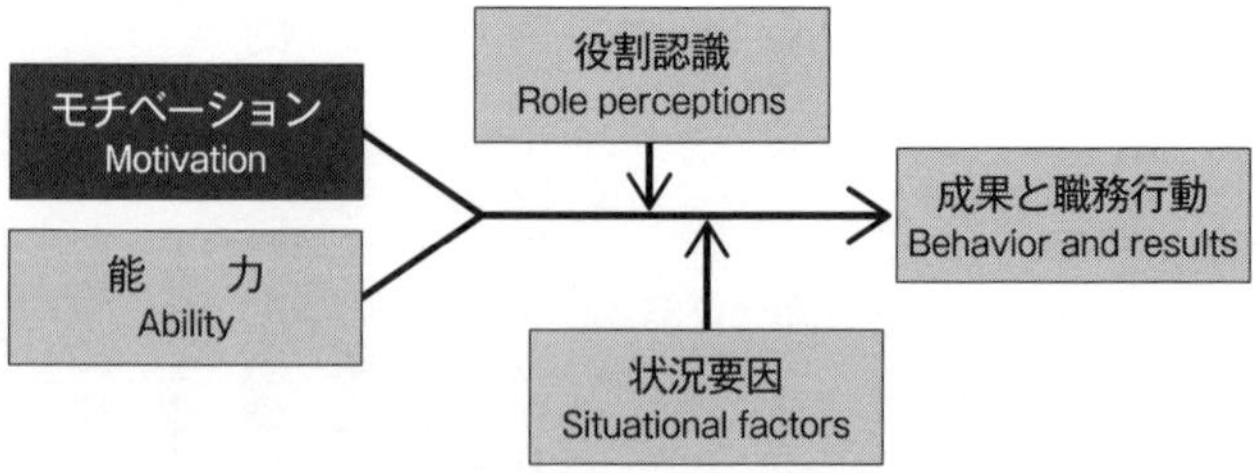

（出典：Porter＆Lawler（1967）を基に作成）

■能力（Ability）
■役割認識（Role perception）
によって規定される、ということを示すものです。

このモデルに基づくと、働く人々が高い成果を上げるためには、仕事を遂行するうえで必要とされる知識やスキルなどの能力とともに、旺盛なモチベーションが欠かせません。それに加えて、働く人々が組織から付与される役割認識も重要であることを示しています。同じ仕事であっても、その役割の意義や重要性をどのように考えるかという役割認識によって、仕事へのモチベーションが変わってくるのです。これについては、後に詳述します（48ページ）。

これら3つの要素のうち、能力や役割認識は、同じ仕事であれば日々大きく変動するものではなく、安定しています。ところがモチベーションは、日々のさまざまな出来事によって変動し、これを高い水準で維持することは容易ではありません。ましてや働き方が変われば、それは大きく変動することになります。MARSモデルが示す通り、たとえ高い能力を保有していても、モチベーションが停滞していれば、能力を十分に活かすことができず、成果を上げることが難しくなります。ここに、働き方が変化する環境において、働く人々の「モチベーション」に注目する意義があるといえます。

モチベーションとは

モチベーションは一般的に用いられている言葉ですが、そもそもどのような現象を指すのでしょうか。ここでは、産業・組織心理学の観点から説明します。

まず、モチベーションという用語は、仕事に限らず、子どもの学習意欲など、人が活動するあらゆる場面に用いられる言葉です。そのため、働く現場では、一般的に「ワーク・モチベーション」と呼ばれています。本書では、これを簡略化して「モチベーション」と呼ぶこととします。

モチベーションの学術的な定義としては、ワシントン大学のミッチェルによる「目標に向けて行動を方向づけ、活性化

図表1-2　モチベーションを構成する3次元

（出典:池田・森永（2017）を基に作成）

し、そして維持する心理的プロセス」というものが有名です。産業・組織心理学や経営学でも、現在ではこの定義が定着しています。これをわかりやすく言い換えると、企業から与えられた仕事に対して一生懸命に取り組む、目標を達成するために頑張り続けるなど、働く人々が目標の達成に向けて行動しているプロセスや状態を表すものといえます。

ワーク・モチベーションという状態は、「方向性」、「強度」、「持続性」という3つの要素から構成されています。方向性とは、目標を、なぜ、どのように成し遂げるのかの明確性を意味します。強度とは、目標の実現に向けた努力や意識の高さを指します。熱意などもこれに該当します。そして、持続性とは、目標を達成するまでの粘り強さや継続性を意味します。

多様な職務のもとで求められる多側面のモチベーション

組織における職務（組織で個人が担う仕事）は、多様な特徴を持っています。それに連動して、モチベーションもその職務に特化したものが求められます。筆者と武蔵大学の森永雄太教授は、職務特性に応じたモチベーションとして、「多側面ワーク・モチベーショ

図表１－３　多側面ワーク・モチベーションモデル

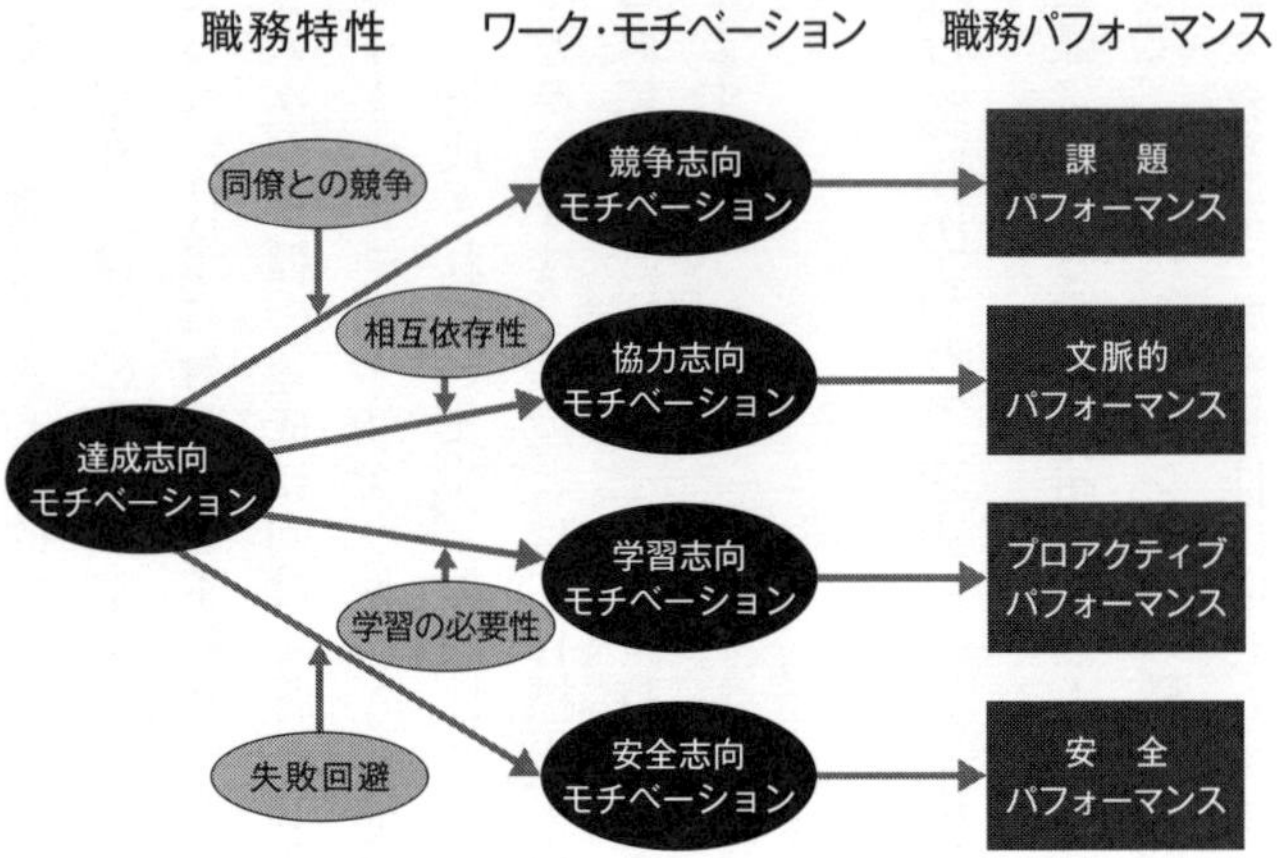

（出典：池田・森永（2017）を基に作成）

ンモデル」を提案しています（図表１－３）。

このモデルでは、あらゆる職務に共通して求められるモチベーションとして、「達成志向モチベーション」を中核的に位置づけています。広くモチベーションとして議論されるのは、この達成志向モチベーションです。

しかし、組織ではこの達成志向モチベーションだけでなく、職務に特化したモチベーションも求められます。

例えば、同僚と営業成績などの成果を競う職務であれば、「競争志向モチベーション」を高めることが業績につながります。

また、チームで働く仕事のように、他者と

の協力が必要な職務ほど、「協力志向モチベーション」が求められます。プロジェクトチームや多職種チームなどは、特にこのモチベーションが求められます。さらに、絶えず新しい知識やスキルを身につけることが求められる職務では、「学習志向モチベーション」が不可欠です。このモチベーションを持つことで、将来を先取りしたプロアクティブな活動が生まれます。他方で、医療や安全管理の現場など、失敗を回避して、必要な業務をミスなく完遂する職務では、「安全志向モチベーション」が求められます。

2

人々は働き方の変化にどのように適応してきたか

モチベーションは、働く環境によって変動します。産業・組織心理学の歴史を紐解いてみても、組織全体の生産性を上げるべく、これまでさまざまな施策や仕事の仕組みが取り入れられてきました。そのなかには、論理的には生産性や効率性に資するものであっても、かえってモチベーションを阻害してしまうものも少なくありませんでした。というのも、働く人々は人間であり「心」を持つ存在であるため、単調感や疎外感などを抱くようになったからです。そういった一連の流れのなかで、モチベーションを高めるための新しい理論や施策が打ち出されてきました。

　昨今の働き方の変化についても、同様のことがいえます。目まぐるしい変化に適応し、旺盛なモチベーションを引き出すための理論や施策が求められています。まずは、過去のさまざまな働き方の変化を人々がどのように克服してきたか、概観してみましょう。

産業革命と組織的な生産性の管理

　18世紀半ばから19世紀にかけて、イギリスを中心に始まった産業革命は、労働者の働き方を大きく変えました。それまでは、労働者が個別にさまざまな物を手作りしていましたが、産業革命をきっかけに、多くの労働者が工場で働くようになり、大量生産が行われるようになりました。組織の原型ともいえます。

　しかし、組織での労働が社会に普及した結果、モチベーションに関わる悩ましい問題が生じるようになります。20世紀初頭のアメリカでは、労働者は仕事の出来高に応じて賃金を得ていました。この出来高となる仕事の量の基準は、科学的なデータではなく、個人の経験や勘に頼っていましたが、労働者が一生懸命に働くと必然的に人件費が大きくなってしまうことから、労働者のなかで「経営者によって一方的に出来高給の単価を下げられてしまうのではないか」という不安が広がるようになりました。

その結果、労働者のモチベーションは低下し、あえて意欲的に働かないという悪循環が生まれていました。そして、こうした不安は職場や組織全体に蔓延して、労働者が楽をしてその場をやり過ごし、手を抜くという「組織的怠業」が生じるようになりました。

こうした問題を解決したのが、エンジニアであり、後に経営者となったフレデリック・テイラーです。彼は、雇用主である経営者に

図表１－４　働き方の変化とその克服

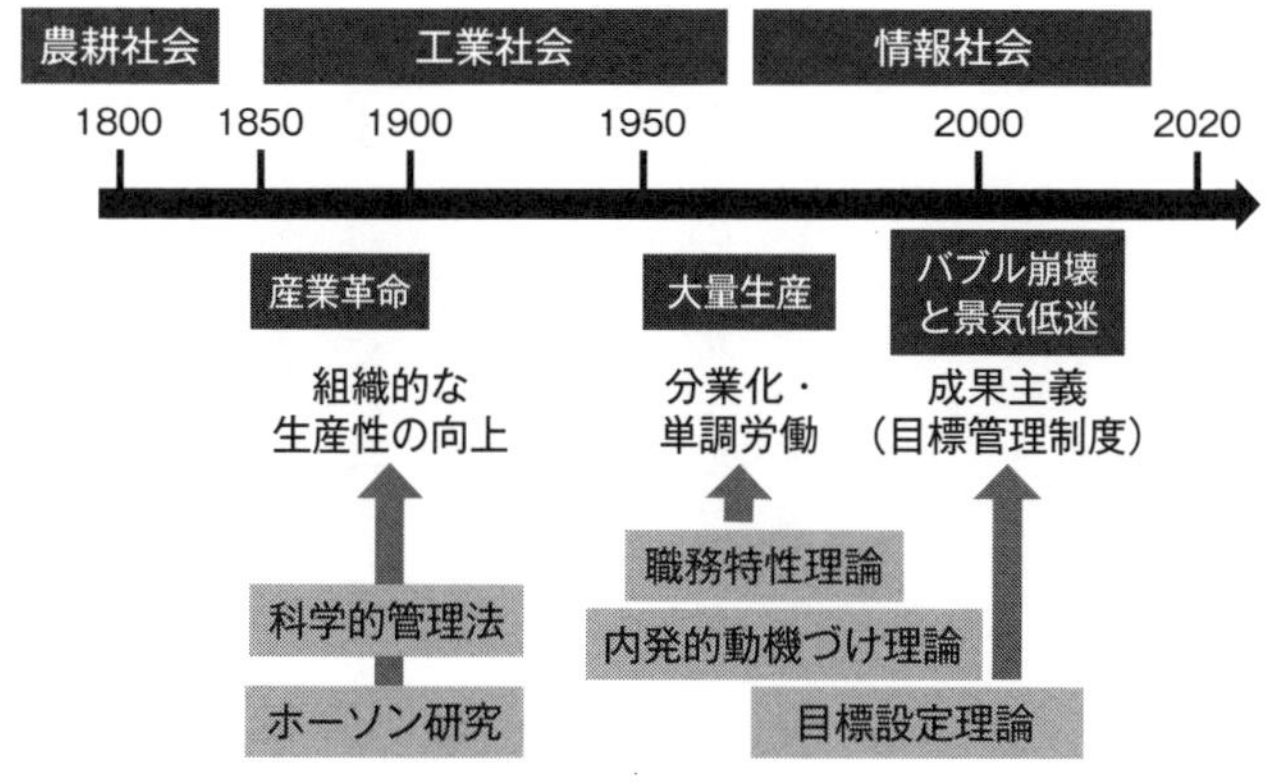

「限りない繁栄」をもたらし、そして働き手である労働者にとっても「最大限の豊かさ」（高い賃金に加えて、最大限の効率性、そして最高の仕事）をもたらすことを目指して、「科学的管理法」と呼ばれるマネジメントを展開しました（Frederick Taylor, 1911）。

当時の工場の作業は、労働者の経験則に委ねられており、かつ先述の組織的怠業も手伝って、作業における「ムリ・ムダ・ムラ」が存在していました。それに対してテイラーは、さまざまな作業について、1人あたりの標準的な作業時間と作業量を計測し、その結果に基づいて設定された標準作業の実現度に応じて賃金を支払うというマネジメント手法を展開しました。すると、工場の生産性と効率性は大幅に向上しました。

こうしたことから、当時、科学的管理法は注目を集め、多くの工場で取り入れられました。また、マネジメントの基礎を築いたことから、産業・組織心理学のみならず、経営学の一分野である経営管理にも大きな影響をもたらしました。

大量生産を支えた分業化の弊害と職務充実

1970年代の高度経済成長期、大量生産が行われる現場では、いっそうの効率化を目指して、職務の分業化や構造化が推し進められていました。自動車をはじめとする生産ラインを一例とすれば、生産ラインで一人ひとりが担当する仕事を細かく分業すれば、その分だけ各労働者に求められる知識やスキルは少なくなります。論理的には容易な仕事となるため、ミスも少なくなり、高品質な製品が生産できるというものです。しかし、ここには心理的な落とし穴がありました。過度な分業化と構造化は、現場の労働者にとって、かえって単調感や疎外感、不満足感を抱かせる原因になったのです。当然、モチベーションも低下することになりました。

こうした問題を解決すべく、イェール大学のハックマンとオールダムは、仕事のどのような特徴がモチベーションにつながるかについて、「職務特性理論」を提唱しました（Hackman & Oldham, 1976）。仕事の特徴のことを、ここでは職務特性と呼びます。この理論を簡単に紹介しましょう。

職務特性理論では、5つの職務特性（技能の多様性、仕事のまとまり、仕事の重要性、自律性、フィードバック）が、3つの心理状態（意味のある仕事という自覚、仕事の成果に対する責任感の自覚、職務活動の結果についての情報）を作り出し、それがモチベーションをはじめ、その他の仕事の成果（職務満足感、質の高いパフォーマンス、欠勤率や離職率の低下）をもたらすことを示しています（図表１－５）。

職務特性のうち「技能の多様性」とは、職務を遂行するうえで、多様な知識やスキル（技能）がどの程度求められるかの度合いを意味します。「仕事のまとまり」とは、課題が細かく分業化されるのではなく、最初から最後まで一定のまとまりがあるかの度合いを意味します。「仕事の重要性」とは、その職務が他者の生活や仕事にどの程度の影響を与えるかの度合いを意味します。「自律性」とは、仕事の手順やスケジュールを自ら調整できるなど、どの程度の裁量が与えられているかの度合いを意味します。最後に、「フィードバック」とは、職務の結果の良し悪しに関

図表１－５　職務特性とモチベーション

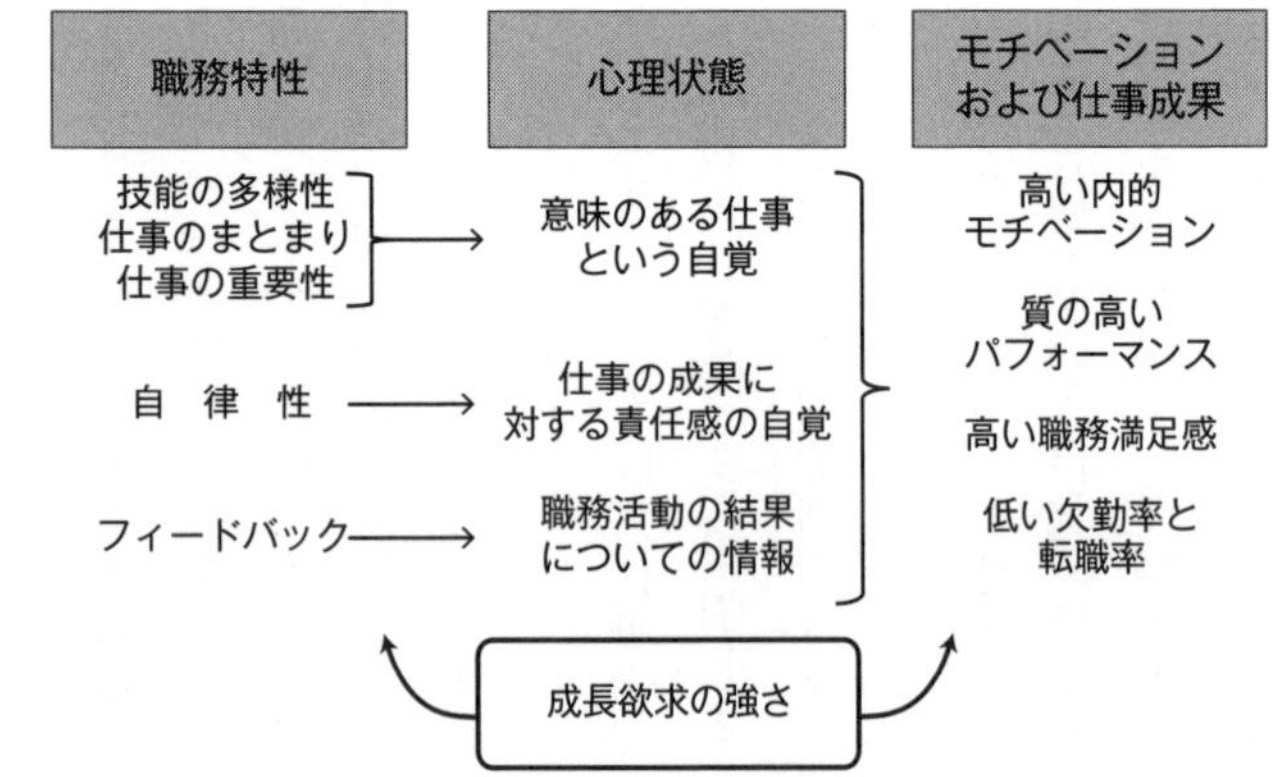

（出典:Hackman & Oldham（1976）を基に作成）

する情報が本人にどの程度もたらされるかの度合いを意味します。

ただし、これら5つの職務特性がもたらすモチベーションや仕事の成果への効果は、誰にでも認められるわけではなく、その職務に取り組む従業員の「成長欲求」の強さによって調整されると指摘されています。すなわち、成長欲求が高い労働者が、5つの職務特性のもとで働くと、高いモチベーションや質の高いパフォーマンスにつながります。しかし、成長欲求が低いと、これらの職務特性の効果は弱いか、限定的になります。

こうしたモチベーションにつながる職務特性(仕事の特徴)が明確化されたことで、組織の現場では、職務を再設計(job redesign)する取り組みが広がるようになりました。

その取り組みの一つが、職務充実(job enrichment)です。これは、単純作業に専門的要素や管理的要素を加えることで、仕事内容を高度化していくことを意味します。これにより、その職務に就く人々に責任と権限を持たせ、より自律的に取り組んでもらうよう働きかけるものです。

もう一つは、職務拡大(job enlargement)です。これは、通常担う仕事以外に、別の仕事を与えることです。コールセンターにおいて、顧客からの受電を行う仕事のほかに、新人オペレーターの指導を担うことなどが一例です。これにより、単調な仕事に飽きさせずに、多くの仕事を覚えているという実感を強くさせ、モチベーションを引き出そうとするものです。

業績低下を脱却するための成果主義

我が国では、高度経済成長期以降、勤続年数や年齢に応じて給与が支払われる「年功序列制度」を取り入れてきました。この制度では、たとえ大きな成果を出したとしても、それに見合う評価や処遇を受けることはできませんが、着実に給与が上がるという安心感と期待を持つことができました。

ところが、バブルが崩壊して経済が低迷すると、多くの企業は業績不振に苦しみました。業績にかかわらず、年功によって給与を上げていくこれまでの制度が維持できなくなってきたのです。そこで、これまでの「年功主義」を改めて、成果や組織への貢献を評価し、それに見合う処遇を与える「成果主義」を導入するようになりました。当時、新聞をはじめ多くのメディアは、「これからの時代は成果主義」と、もてはやしました。

なお、当時導入された成果主義に関しては、評価や処遇の格差ばかりに過度に焦点が当てられたため、働く人がストレスを抱えたり、自発的な協力といった、日本の組織がそれまで強みとしてきたものを失わせる要因となったという指摘があります。そういった反省点はあるものの、年功主義から成果主義へというドラスティックな転換は、業績不振に苦しむ組織が働く人々に「成果」を意識させ、モチベーションを喚起しようとした施策といえます。

3

組織環境への適応と働き方の変化

労働時間管理の厳格化

働き方改革を推進するにあたり、多くの企業が最初に着手したのが、長時間労働の是正です。我が国では、高度経済成長期以降、定時を超えて残業を行うことが珍しくありません。長時間労働に伴う過労から、心身のバランスを崩すケースも後を絶ちません。また、すでに指摘したように、我が国は時間あたりの生産性が先進国の中でも低い水準であることから、過重労働による健康被害を防止しつつ、労働の質を高めることを目指して、労働時間が厳格に管理されるようになりました。

しかし、労働時間が厳格に管理されるようになると、働く人々はこれまで以上に時間に追われ、多忙化に拍車がかかるようになりました。残業を当てにして成果を上げてきた働き方から、限られた時間で、同じか、それ以上の成果を出すような働き方が求められるようになったのです。

こうした多忙化がどのような心理的な罠を招き、成果を脅かすに至るのか、またそうした働き方においてモチベーションを高める方法については、第2章と第3章で解説します。

働き方の多様化

働き方改革の大きな特徴は、働き方が多様になったことです。

その一つとして、働く場所が、勤務先の企業内に限定されないことが挙げられます。自宅やシェアオフィス、あるいはカフェなど、どこで仕事をしてもよいという企業が増えています。このように、時間や場所の制約を受けずに働く形態をテレワークといいます。これまで子育てや介護などで仕事を諦めていた方にとっては、仕事を続けられる可能性につながる魅力的な施策といえます。

働き方改革が導入された当初、テレワークは通信に伴うセキュリティの問題などから十分に広がりませんでした。しかし、新型コロナウイルスの感染拡大により、多くの企業で急速な広がりを見せます。同時並行的に、オンラインツールなどが急速に改善、普及したことも、これを後押ししました。多くの人がテレワークを経験し、その有効性に一定の手応えを感じているという声が多く聞こえてきます。

しかし、多くの課題も抱えています。例えば、自宅で働くことによって孤独感を感じたり、上司からどのように評価されているか不安に感じるなどという問題です（東京商工会議所によるアンケート結果）。それに加えて、今後は「テレワークを続ける従業員のモチベーションをいかに高め、維持するか」という問題も表面化してくると思われます。

働く人々にとって会社に行くことは、気持ちを仕事に向かうものへと切り替えるスイッチのような役割を果たしており、さらに職場という場所で上司や同僚と交流することによって、無意識にモチベーションが喚起されていました。ところが、終日、自宅で独りで仕事をするとなると、気持ちの切り替えはおろか、熱意なども生まれにくくなります。それゆえ、自律的モチベーションを高めるセルフマネジメントが求められています。これについては、第2章で解説したいと思います。

また、シニアの活躍も、働き方改革の柱として注目されています。以前は60歳で定年を迎えたら、仕事を退くのが一般的でした。しかし近年では、シニアの就業意欲は非常に高くなっており、企業においても、定年の引き上げや再雇用等の制度が整いつつあります。

その一方で、いざシニアが定年を超えて働こうとしたときに、シニアの経験と能力、そしてモチベーションを十分に活かしきれているとはいえません。また、モチベーションは加齢とともに低下する、と信じている方も少なくありません。はたしてモチベーションは加齢とともに低下するのでしょうか。また、シニアのモチベーションを高めるメカニズムは、現役世代とは異なるのでしょうか。シニアとモチベーションを巡る問題は第5章で解説します。

労働価値の変化

これまで、労働の種類は、ブルーカラーとホワイトカラーの2つに大別されるのが一般的でした。前者は、労働の現場で主に体力が求められる「肉体労働」ともいえます。そして後者は、肉体労働とは異なる労働価値として、高度な知識や思考、判断力が求められるものであり、「知識労働」や「頭脳労働」とも呼ばれています。高度経済成長期を支えたサラリーマンなどが当てはまります。

そして、これら2つの労働とは異なる価値を持つ第三の労働として、「感情労働」があります。これは、サービス業をはじめ、顧客と直に接する仕事において、笑顔を見せ続けたり、不快感を押し殺したりするなど、感情をコントロールすることを求められる仕事を指します。こうした感情労働は古くから存在し、特に我が国では「おもてなし」の文化が存在していることから、労働価値として過度に感情が重視されているきらいがあります。その一方で、感情労働が労働者のストレスの原因となっていることが指摘されています。

今後、AIの活用などが広がるに従い、人が直に関わる「感情」の価値がますます高まると予想されています。こうした働き方においてモチベーションを高めるためには、どのようにすればよいのでしょうか。第5章では、感情労働について、意欲的に取り組むための示唆を提供します。

組織構造の変化

さらに、組織の構造もまた、それを取り巻く環境の変化に応じて変わりつつあります。組織心理学者のエドガー・シャインは、組織のモデルを、職務内容に応じた水平方向の分業と、職位に応じた垂直方向の分業に分けて表現しました。このように、かつては指揮命令系統を重視した階層的組織が一般的でした。

しかし、1990年代末頃から組織はフラット化し、チーム制も数多く導入されるようになりました。現在では、プロジェクトごとに異なる部門からメンバーが選抜されるプロジェクトチームや、ワーキングチームなどが一般的に導入されています。

ただ、いざチームを結成したとしても、期待する成果を出すことは容易ではありません。というのも、複数人が集まると、手抜きをするメンバーが現れることで、かえってモチベーションが低下する現象が生まれるからです。第6章では、チームにおいてモチベーションが低下するメカニズムを理解しながら、個人はもとより、チーム全体のモチベーションを高めるための理論的かつ実践的示唆を提供します。

そして、第7章では、チームメンバーが自律的に協力するための条件として、感謝感情を紹介します。

自律的なモチベーションを引き出すリーダーシップ

以上、働き方改革をはじめ、さまざまな観点から人々の働き方の変化を見てきました。こうした環境のもと、働く人々の自律的なモチベーションを引き出すために効果的なリーダーシップとされる「サーバント・リーダーシップ」の可能性と実践的示唆について、最後の第8章で解説します。

サーバント・リーダーシップは、トップダウン・リーダーシップと対比的に紹介されますが、管理者がメンバーの職務遂行と成長を後方や下から支援するリーダーシップの考え方です。このリーダーシップが、なぜ働く人々の自律的モチベーションを引き出せるのか、理論的な根拠とともに解説します。

本章のポイント

■組織を取り巻く環境の変化は、人々の働き方を大きく変える。

■昨今では「働き方改革」により、労働時間の厳格な管理や働き方の多様化が進んでいる。人々はそうした新しい働き方に適応することが求められており、その鍵は「自律的なモチベーション」である。

■モチベーションとは、方向性や強度、持続性を伴う心理的プロセスを意味する。

■かつての時代も、生産性を上げるための働き方が幾度となく取り入れられ、人々はそれに適応してきた。

第２章

自律的モチベーションが鍵を握る

1 問われる働く個人の「自律的モチベーション」

働き方の変化で問われていること

第1章では、昨今、組織における人々の働き方が大きく変わりつつあることを理解しました。特に、IT化など情報技術が進展するなかで、労働時間は厳しく管理されるようになり、またテレワークや副業などの多様な働き方が今後ますます広まっていくと予想されています。こうした働き方の変化に共通するのは、「働き方の自由度」が増し、それとともに「成果への責任」が高まるということです。

例えばテレワークでは、自宅はもとより、カフェやシェアオフィスなど、モバイルパソコンとインターネット環境さえあれば、いつでもどこでも仕事ができるようになります。上司や同僚の目というプレッシャーから解放され、自らが選択した環境で仕事に取り組むということは、いつも以上に仕事に集中できる自由な働き方ともいえます。

また、昨今、多くの企業でテレワーク等の多様な働き方に適した雇用形態として、「ジョブ型雇用制度」が導入されようとしています。この場合、個人の働きにおいて重視されるのは、ジョブディスクリプション（職務記述書、job description）に記載された職務をどの程度遂行できるのかということです。

時間と場所に縛られないことで、時間を有効活用し、以前より意欲的に働いて成果を上げる人も多くいます。しかし、同時に難しさもあります。それは、仕事の進捗と成果を自ら管理することが求められるという点です。人によっては非常に難しいことであり、このため、職場で働くときと比べてモチベーションが上がらず、十分にはかどらないことが懸念されます。また、２０２０年5月に実施されたパーソル研究所の調査では、テレワークをする人の中には、人の目がないことで、かえって「仕事をさぼっていると思われていないか」と不安になる人が少なくないことが報告されています。

こうしたさまざまな要因によって、テレワークではモチベーションが不安定になることが予想されています。そう考えると、自由度が増したテレワークという働き方で、生産性が向上した人と、その働き方に戸惑い、かえって生産性が低下した人とで二極化したようにも思います。

2つの自律的なモチベーション

こうした働き方のもとで働く人々に問われるのは、「自律的なモチベーション」です。そこには2つの意味が含まれています。

1つ目は、仕事や職務を自ら進んで、能動的に取り組む状態としての自律的モチベーションです。その重要性については、以前から数多く論じられてきました。というのも、人から指示されて取り組む他律的モチベーションよりも、自ら進んで取り組む自律的なモチベーションのほうが、仕事に取り組む姿勢もさることながら、何よりも目標の達成度や業績、効率性などの成果に強く結びつくからです。さらに、人は自律的に仕事に取り組むことで、経験からより多くのことを学習し、成長が促されることがわかっています。テレワークなど、職場から離れた環境であればあるほど、成すべき仕事を自ら認識して取り組むことが期待されます。

そして2つ目は、モチベーションを自ら調整するプロセスとしての自律的モチベーションです。これを「モチベーションの自己調整」ともいいます。今後、働き方の自由度と多様性はいっそう増し、人々の仕事に対する責任も増大すると予想されます。そのなかで、職場から離れた場所で働くことが増えれば、仕事に向かうモチベーションを自ら呼び起こして、維持させる必要があります。ここにモチベーションの自己調整の重要性があります。

実は、通勤して上司や同僚と同じ場所で働くこと自体が、無意識に、働く人々のモチベーションを日々喚起させる効果を持っています。つまり、人々は強く意識しなくても、職場に行くことで気持ちを家庭から仕事に切り替えることができ、また上司や同僚と挨拶を交わして顔を合わせることで、気持ちを引き締めることができていたのです。

このように、働く人々のモチベーションは、具体的な指示を受けたり、目標を立てるなどの「意識化過程」だけでなく、自覚していない刺激などの「非意識過程」からも影響を受けていることが解明されています。例えば、毎日の朝礼などで、クレド（企業が大切にしている信条やポリシー、ありたい姿を簡潔に記したもの）を唱和する組織があります。この何気ない営みも、組織が目指すあるべき姿に向けてモチベーションを刺激しているといえます。しかしテレワークでは、通勤も朝礼もなければ、同僚と顔を合わせることすらありません。つまり、従来の働き方の中に組み込まれていた、無意識過程での影響が期待できなくなるのです。

以上のことを踏まえると、働き方の自由度と成果への責任の増大は、同時に、仕事に取り組むモチベーションを自ら調整する必要性をも高めると理解できます。

本章では、先述の2つの意味からなる「自律的なモチベーション」をいかに獲得し、引き出すかについて考えていきましょう。

2　組織における職務と自律的モチベーション

まず、自ら進んで仕事に取り組む「自律的なモチベーション」がどのような状態を意味し、どのように生まれてくるのかを、産業・組織心理学の知見を基に解説します。

仕事は他律から始まる

組織で働く人は、基本的に組織から与えられた仕事を遂行することになります。その「与えられた仕事」に対して、前向きに取り組む人もいれば、嫌々ながら取り組む人もいます。なかでも、上司や先輩から頼まれた仕事などに対して、後ろ向きな気持ちを抱く人は珍しくありません。この気持ちのことを、一般的に「やらされ感」といいます。同じように与えられた仕事でも、その取り組み方に違いが出てくるのはなぜでしょうか。その鍵となるのが、「心理的オーナーシップ」の有無です。

心理的オーナーシップ（psychological ownership）とは、当事者意識や所有意識、自分ごとと訳すことができますが、仕事に対して、これは自分の仕事、自分が取り組むべき仕事だという意識を持てているかを意味する心理的状態のことです。つまり、組織から与えられた仕事でも、自分が取り組むべきものだという当事者意識が持てれば、責任感が生じて前向きに取り組むことができます。しかし同じ仕事でも、なぜ自分がやらないといけないのか、これは自分の仕事ではない、という心理的オーナーシップが欠けた状態では、意欲的な取り組みは期待できません。

外発的モチベーションと内発的モチベーション

「やらされ感」を抱いて仕事に取り組んでいる状態と、前向きに取り組んでいる状態は、心理学ではエドワード・デシを中心に、古くから「外発的モチベーション」と「内発的モチベーション」という枠組みで説明されてきました（Deci, 1975）。

外発的モチベーションとは、仕事に取り組む行動の源泉が、上司の指示や命令、報酬や罰など、自分ではない外的な要因によってもたらされているモチベーションの状態のことを意味します。「やらされ感」とは、まさにこうしたモチベーションの状態と理解することができます。

それに対して、内発的モチベーションとは、特定の課題に取り組むことそのものが目的となるモチベーションの状態を意味します。仕事が面白くて夢中になる、やりがいを感じて没頭するなど、仕事に取り組む行動の源泉が、自分の内面に起因するモチベーションの状態を意味します。

他律から自律的モチベーションへの移行の鍵は自己決定度

仕事に対して「やらされ感」を感じている人に、当事者意識を持って取り組んでもらうためには、どうしたらよいのでしょうか。そのためには、本人が仕事の意義や価値を見出していく必要があります。デシとライアンは、こうした他律から自律的なモチベーション

図表2－1　自己決定理論

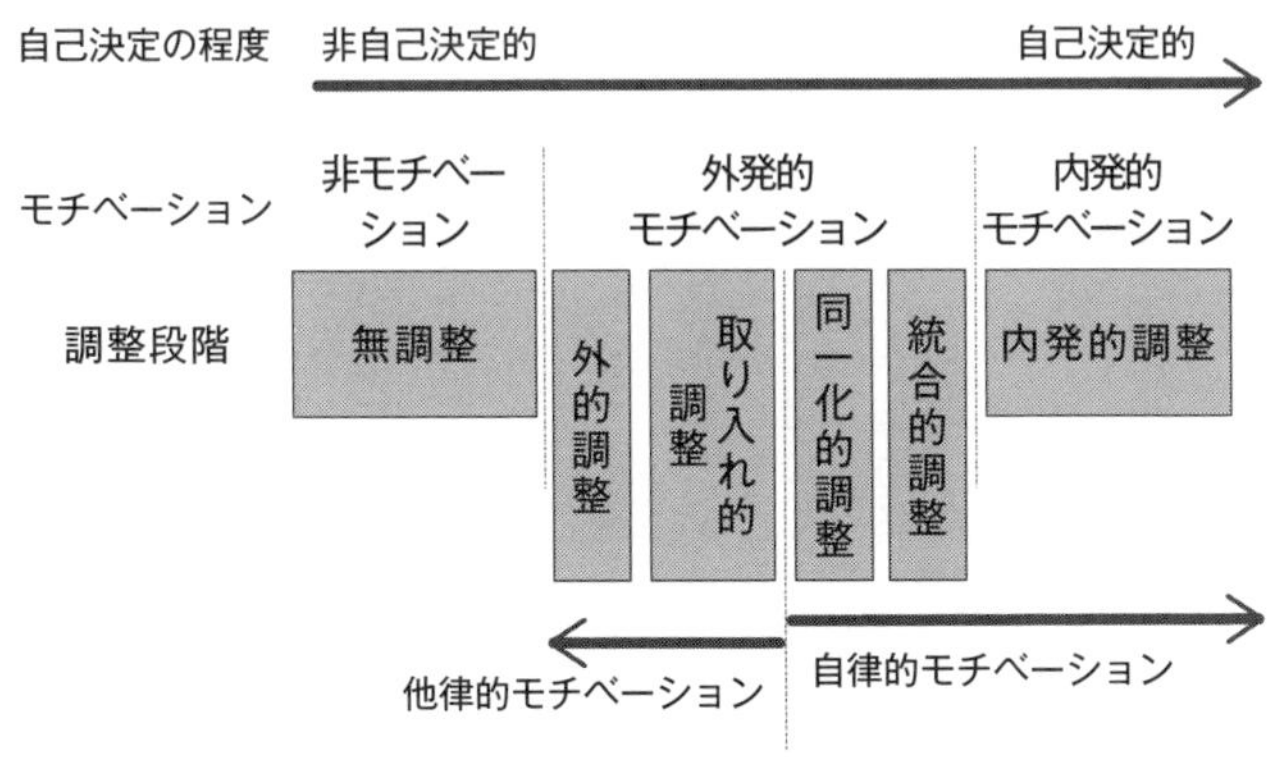

（出典：Deci & Ryan（2002）を基に作成）

への心理的な移行を考えるために、「自己決定理論」を展開しています（図表2－1）(Deci & Ryan, 2002)。

自己決定理論は、仕事に取り組むモチベーションについて、外発的モチベーションと内発的モチベーションのどちらに当てはまるかという二律背反的な区分ではなく、私たちが仕事に対して何らかの意味や意義を見出す自己決定の度合いによって、外発的モチベーションでも4つの調整段階（外的調整、取り入れ的調整、同一化的調整、統合的調整）に分けられることを示しています。自己決定の程度が低いほうから順に見ていきましょう。

まず、図表2－1で最も左にある「無調整段階」です。これは、自己決定の度合いは最も低く、非モチベーション、つまり、まったくやる気のない状態を指します。例えば、上司からあるプロジェクトを任されたときに、「やりたくない」と考える状態です。

次に、外発的モチベーションの中でも、仕事に対して自分なりの意味をほとんど見出していない状態が「外的調整」です。報酬や評価を得るため、あるいは会社や上司からの罰を避けるためと考えて仕事に取り組んでいる状態を意味します。「やらないと上司から怒られる(評価を下げられる)」と考えるなど、仕事に取り組む理由が、報酬や罰などの外的要因の有無によってコントロールされているために、自己決定の度合いは非常に低く、まさに「やらされ感」が高い状態と見ることができます。

そして、外的調整よりも、いくぶん自己決定度が高まった状態が「取り入れ的調整」です。これは、仕事に対して、自分に与えられた責任として取り組まなければならない、という義務感に基づき取り組んでいる状態です。例えば「やらないと不安」「やらないと恥をかくかも」と考えるものです。やはり仕事に取り組む理由が後ろ向きといえ、他律的です。

その次が「同一化的調整」と呼ばれる状態です。これは、与えられた仕事であっても、それを通じて目標を達成したい、成長したいとの思いから取り組んでいる状態を意味します。すなわち、仕事やそれに取り組むことの必要性から動機づけられている状態です。例えば、あるプロジェクトに取り組むことが職場や顧客にとって「必要だから」と前向きに考えたり、職場の業績につながる、あるいは自己の成長につながると考えるのも、この調整段階です。自己決定の度合いが比較的高いことから、自律的な状態といえます。

次の「統合的調整」とは、仕事をすること自体が自分にとって当然のことであると感じ、仕事に取り組むことと自らの目的、価値が矛盾なく統合されている状態を意味します。その仕事に取り組むことが「自分にとって当たり前（当然のこと）」と感じ、その価値を自分の中に内在化している状態です。外発的に動機づけられているとはいえ、自己決定の度合いも非常に高く、自律的なモチベーションといえます。

そして、「内発的調整」とは、仕事に取り組むこと自体にやりがいと楽しさを感じている状態を指します。例えば、そのプロジェクトに取り組むこと自体に「楽しい」「面白い」と快感情を感じる状態です。

以上、自己決定の度合いによって異なる調整段階が存在することを概観しました。自己決定理論では、外的調整と取り入れ的調整を他律的モチベーション、そして同一化的調整、統合的調整、内発的調整を自律的モチベーションと位置づけています。

自律的モチベーションの基盤となる3つの基本的心理欲求

自律的なモチベーションは、仕事に対して自らの考えや価値が強く反映する自己決定度が強い状態を意味していました。これは、どのようなものから影響されるのでしょうか。デシとライアンは、自律的なモチベーションを支えるものとして、3つの基本的心理欲求の充足が関わっていると指摘しています。すなわち、「自律性への欲求」「有能さへの欲求」「関係性への欲求」です。

①自律性への欲求

他者からの指示や命令によって働かされるのではなく、自ら考え、計画し、行動を選択しながら、主体的に働きたいという欲求を指します。自律的なモチベーションに最も強く影響するものであり、私たちは多かれ少なかれ、これを備えています。実は、子どもも同じように、自らの興味や関心の赴くままに取り組みたい、決定したいという欲求を備えています。そのため、自ら決めたことであれば、そこに自分ごと（自我関与）という意識が生まれ、自ら進んで取り組むようになるのです。

先述の心理的オーナーシップ（所有者意識）は、まさにこの心理と関わっています。仕事においても、自ら選んだものだったり、自分の立てた計画やペースで進められるものであれば、人々は自発的に取り組むようになります。

②有能さへの欲求

自らの能力を高めて、それにより他者から認められたい、周囲に効果的に影響を及ぼしたいという欲求です。そのために必要な知識・スキルを学び、成長するために行動することになります。具体的には、仕事において手応えを感じたり、成長を実感するときに、仕事に対して前向きに取り組もうとします。

③関係性への欲求

これは、他者と良好な関係性を築きたいという欲求です。組織に所属して上司や同僚と親しくなることを望んだり、信頼を寄せる人を作りたいという欲求を指します。働く個人は、組織や職場という関係性のなかで存在します。したがって、他者との良好な関係が、モチベーションにも大きく影響することは想像に難くありません。

関連して、感染症対策としてテレワークを体験した人々の多くから、「孤独感を感じる」という意見があったという報告が見受けられました。それにより、オンラインのテレビ会議システム等で雑談をすることの重要性がメディア等で紹介されています。まさに関係性への欲求を満たそうとする出来事と見なすことができます。

3 自律的なモチベーションをいかに生み出すか

いかにして「やらされ感」から脱却し、自ら身と心を律して、進んで仕事に取り組むのか。すなわち、どのようにして自律的なモチベーションを持つのかが、今日の働く環境において強く問われています。

といっても、こうした自律的なモチベーションの必要性は、昔から論じられてきました。特に、若手や今ひとつ成果が上がらない従業員に対して、多くの組織や上司たちが、その仕事に対する姿勢を「指示待ち」や「受け身」などと批判しながら、自律性を促そうと策を講じてきました。ただ、高度経済成長期においては、組織が取り組む課題は比較的安定しており、たとえ指示待ちや受け身であっても、組織の業績を脅かすほどの問題として表面化することはありませんでした。

ところが、昨今の働く環境のもとでは、先述の通り、自発的かつ能動的に取り組む自律的なモチベーションが強く求められています。では、それはどのように生まれるのでしょうか。自律的なモチベーションの基盤となる3つの基本的心理欲求（自律性、有能さ、関係性）と関連づけながら、自律的なモチベーションの源泉を整理していきます。

仕事の意義を理解する

働く人々が自ら前向きに仕事に取り組めるかどうかは、その「仕事」に対して、何らかの意義を感じているかが重要になります。なぜなら、人は、仕事に意義を見出すことで、やりがいや面白さを感じ、有意味感を得るからです。

もちろん、自分の仕事には意義を感じるほどのものはなく、取るに足らないものと感じている人もいるでしょう。しかし、「働く」とは、「傍《はた》を楽《らく》にする」だとされることがあるように、自分の仕事が顧客や同僚の役に立つものであると前提すれば、仕事そのものや、仕事を通じて得られることをあらためて考えることで、その意義を見出せるはずです。

「3人のレンガ職人」に見る仕事の意義

よく知られたイソップの寓話に「3人のレンガ職人」があります。

ある旅人が、道中で出会った3人のレンガ職人に対して、「何をしているのですか」と尋ねました。すると1人目は、「親方から言われてレンガを積んでるのさ」と素っ気なく答えて、嫌々レンガを積んでいました。2人目は、「生活費を稼ぐためにレンガを積んでいるんだよ」と答えて、懸命にレンガを積んでいました。そして最後の3人目は、「将来たくさんの人が訪れる立派な大聖堂を建てているんだよ」と目を輝かせながら、活き活きとレンガを積んでいました。

この寓話からも、同じレンガを積む仕事であっても、それがどのような意義を持つかについての捉え方が異なれば、仕事への取り組み方も異なることが見えてきます。すなわち、仕事において何に意義を感じるかは、人によってさまざまであるということです。

仕事の意義の4類型

組織にはさまざまな業種や職種が存在しますが、モンタナ州立大学のブレント・ロッソらの研究チームは、組織で働く人々にとっての仕事の意義を包括的に整理しました。ここでは、組織における仕事の意義を2つの次元から4つに分類しています（図表2－2）。

仕事の意義を分ける1つ目の次元は、仕事の意義を感じる「源泉」であり、自己志向―他者志向に分けられます。これは、仕事の意義を感じる対象（源泉）が自分にあるのか、それとも他者（自分以外の同僚や職場、組織）にあ

図表2-2　4つの仕事の意義

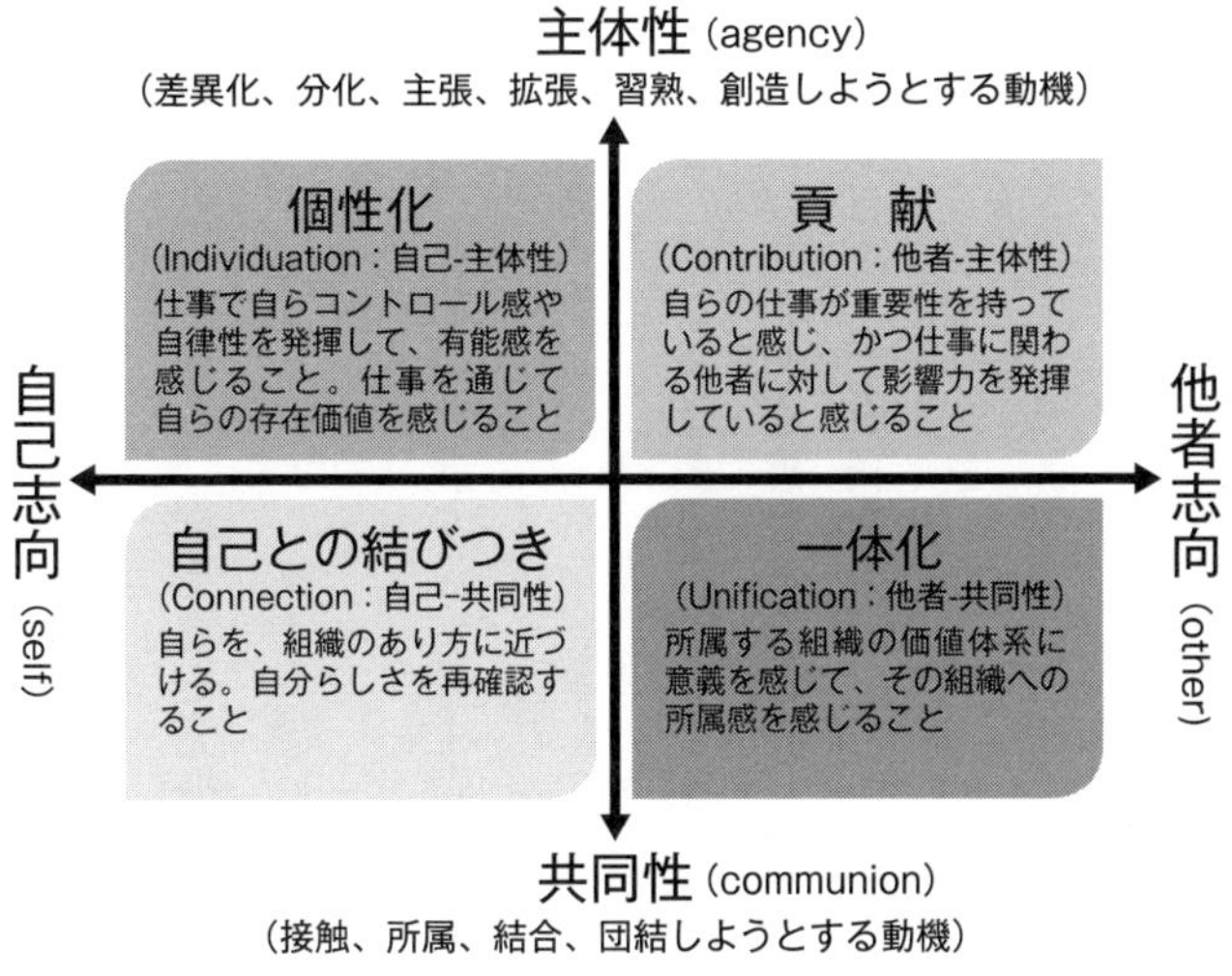

主体性 (agency)
(差異化、分化、主張、拡張、習熟、創造しようとする動機)
個性化
(Individuation：自己-主体性)
仕事で自らコントロール感や自律性を発揮して、有能感を感じること。仕事を通じて自らの存在価値を感じること
貢　献
(Contribution：他者-主体性)
自らの仕事が重要性を持っていると感じ、かつ仕事に関わる他者に対して影響力を発揮していると感じること
自己志向 (self)
他者志向 (other)
自己との結びつき
(Connection：自己-共同性)
自らを、組織のあり方に近づける。自分らしさを再確認すること
一体化
(Unification：他者-共同性)
所属する組織の価値体系に意義を感じて、その組織への所属感を感じること
共同性 (communion)
(接触、所属、結合、団結しようとする動機)

(出典:Rosso et al.(2010) を基に作成)

るのかを指します。

2つ目の次元は、自らの「存在動機」であり、主体性―共同性に分けられます。自らを他者とは独立した存在として捉え、自らの意見を主張し、習熟し、創造性を発揮しようとする存在（主体性）と考えているのか、あるいは、他者と触れあい、結びつき、まとまろうとする存在（共同性）と考えているのかを意味します。

これら2つの次元の組み合わせによって、次の4つの仕事の意義が浮かび上がります。

①個性化
主体性を持つ個人が、自己に仕事の意義を見出すことです。つまり、仕事を自らの意思で自発的に進めることができ、その組織の中で自らの存在価値を感じることで、仕事に意義を感じることを指します。自らの能力を十分に発揮したり、成長を実感している人ほど、このタイプの意義を感じていると考えられます。

②自己との結びつき
共同性を持つ個人が、自分らしさを意識することで、仕事に対する意義を感じることです。これは、〝本当の〟自分らしさが仕事や組織のあり方と一致することによって見出される意義であり、「本当に自分に合った仕事」と感じたり、「天職」と感じることは、このタイプに該当します。

③一体化

共同性の動機を持つ個人が、他者や組織に意義を見出すことです。すなわち、所属する組織の価値体系に意義を感じたり、その組織の一員であるという所属感を感じることです。

④貢献

主体性の動機を持つ個人が、他者に意義を見出すことです。他者や組織に貢献することに、大きな意義を感じることを指します。

これら4つの仕事の意義は、どれが良いかを表すものではありません。重要なのは、個人の価値観や取り組む仕事の特徴を考慮しながら、いずれかの仕事の意義を感じることです。

ジョブ・クラフティング

組織の従業員が、主体的に自らの職務をデザインすることでモチベーションを高める取り組みとして、ジョブ・クラフティングが注目を集めています（Wrzesniewski & Dutton,2001; 森永・鈴木・三矢 ,2015）。

クラフト（Craft）とは、何かを作る、という意味です。そして、ジョブ・クラフティングとは、働く個人が主観的・主体的に、仕事に新たな意味を見出したり、仕事内容の範囲を変えたりすることを指し、次の3つの要素から構成されています。

1つ目は、「認知クラフティング」です。これは、仕事の意義・捉え方への工夫を指し、自分の仕事の目的や意味、顧客や同僚に与える意義を捉え直すことです。

2つ目は、「作業クラフティング」です。これは、仕事の

図表2－3　ジョブ・クラフティング

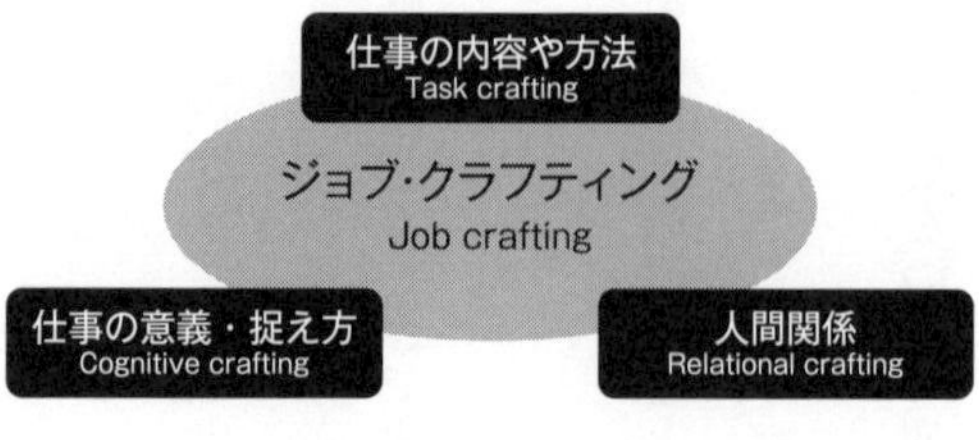

内容や方法を工夫することを指します。例えば、目標設定や優先順位をつけたスケジュール管理をしながら、仕事の中身がより充実したものになるように工夫することなどです。

3つ目は、「人間関係クラフティング」です。仕事を通じて積極的に人と関わるなど、周囲への働きかけについて工夫をすることを指し、職場の先輩に仕事のアドバイスを求めることなども一例といえます。

こうして見ると、ジョブ・クラフティングの考え方でも、中核となるのは1つ目の認知クラフティングであることがわかります。これ次第で、ほかの2つ（作業および人間関係クラフティング）のあり方が変わるからです。

さらに、認知クラフティングは、先の自己決定理論の調整段階（42ページ）や、ロッソらの仕事の意義の考え方（51ページ）とも密接に関連していることがわかります。

武蔵大学の森永雄太教授は、ジョブ・クラフティングの象徴的な例として、世界的に有名なテーマパークで清掃を担当する従業員のケースを紹介しています。彼らの仕事は、パーク内外の清掃をはじめ、写真撮影や道案内です。しかし、自分の役割を単なる清掃担当として捉えるのではなく、「ゲストをもてなすキャストの一員」として再定義することで、濡れた箒を使って地面にキャラクターの絵を描いてゲストを喜ばせたり、積極的にゲストに声をかけるなどの行動が生み出されるようになりました。

　このほかにも、新幹線の清掃を担う組織の事例もよく知られています。新幹線の清掃の仕事は、これまであまり注目されることのなかった仕事です。当初、そこで働いている人々も、自分たちの仕事の定義を「新幹線の清掃を素早く行うこと」だと考えていました。ところが、新しい管理者の働きかけにより、「清掃を通じて、新幹線を利用するお客様にかけがえない思い出を作ってもらうこと」と再定義したことで、掃除に対する取り組み方はおろか、清掃の行き帰りに、構内で道に迷っている人や重い荷物を抱えている老人を助けるなど、仕事全般への取り組み方が劇的に変わったのです。

　ジョブ・クラフティングの意義は、これまでと同じ仕事であっても、その役割をどのように定義するかをあらためて考えさせることです。これを九州大学の古川久敬名誉教授は「役割の再定義」と呼んでいます。役割の再定義は、作業クラフティングの進め方や、人間関係クラフティングのあり方さえも大きく変える力を持っています。さらに、先ほどの2つの事例が示すように、再定義された役割の内容次第で、仕事に対する誇りや自律的モチベーションを促すことがわかります。

4

自己価値充足モデル

前節では、「仕事に関する意義を見出すことが、自律的なモチベーションを高める」ということを理解しました。それ以外にも、私たちは、仕事を通じて自らの価値を高めたり、存在意義を感じることで、仕事に対してさらに前向きに取り組めるようになります。ここでは、そうした考え方を表すものとして「自己価値充足モデル」について考えていきます。

仕事の「接近」と「回避」

自己価値充足モデルの有効性や適用可能性について考えるために、まずは、これまでのモチベーションに関する理論が前提としていた仕事（職務や課題）について確認しておきましょう。

組織で働く人々は、それぞれ所与の役割や仕事に取り組んでいますが、その成果の視点から見て、大きく2つに分けることができます。

図表２−４　職務における「接近」vs.「回避」

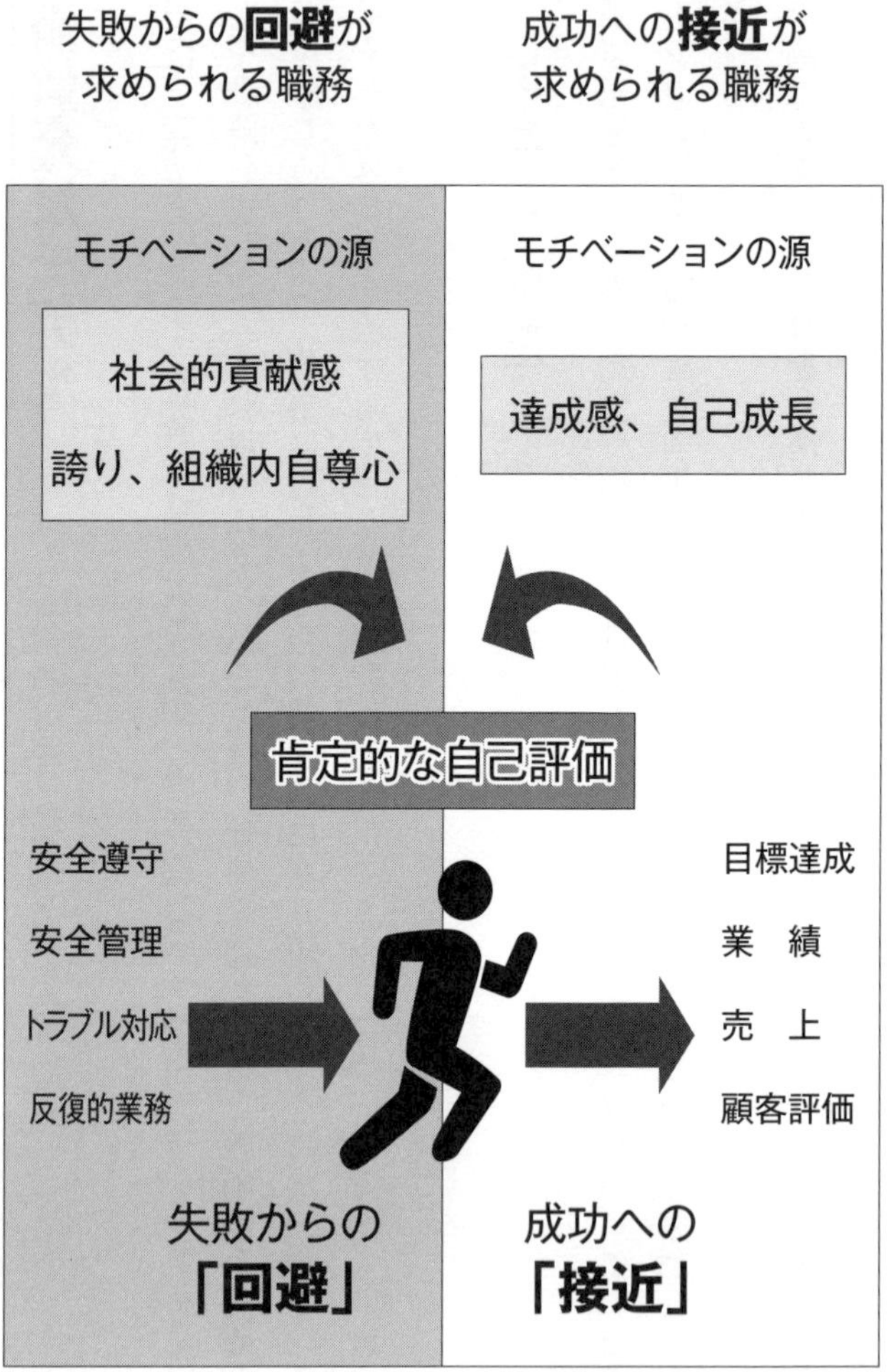

一つは、職務を遂行することを通して、業績や売上、目標達成などの実現を目指すものです。これを「成功への接近」と呼びます。営業や販売、企画などは、この成功への接近に関わる職務といえます。

もう一つは、与えられた職務をミスなく確実に遂行することが求められる仕事です。経理や総務、事務、安全管理、保守点検などがこれに含まれ、これらの仕事が目指すものを、「失敗からの回避」と呼ぶことができます。

これまでのモチベーション理論が前提としてきた仕事

仕事を接近と回避に分類することで、従来のワーク・モチベーション理論のほとんどが、「成功への接近」を暗黙に想定していたことに気づかされます。例えば、産業組織心理学者であるエドウィン・ロックとゲイリー・レイサムが提唱した目標設定理論（後述、69ページ）では、目標が具体的に数値化できる仕事を主な対象としています。成功への接近に関わる仕事は、達成度が客観的に判断しやすく、数値化できることが多いため、その達成度に連動して人事評価や処遇が与えられます。つまり、成功への接近に関わる仕事に取り組んでいれば、人々は達成感や成長感を感じやすく、それがさらにモチベーションを高めることにつながるということです。

考慮すべきは「失敗からの回避」に関わる仕事

一方で、失敗からの回避に関わる仕事は、与えられた仕事や役割をミスなく正確に完遂することが期待されます。そのため、仕事の達成度が数値化されることはなく、それどころか、確実に完遂しても当然と見なされ、ミスやエラーなどの失敗数を問題として取り上げられることすらあります。こうした仕事では、「完遂して当たり前」と、本人も、周りの上司や同僚も見なしがちであるため、達成感や成長感を感じにくく、当然、モチベーションにはつながりにくいといえます。

また、多くの企業で運用されている目標管理制度についても、それがなじむ仕事と、そうでない仕事があるといわれます。後者は、総務や経理などの管理部門の仕事を指すことが多く、まさにこれらの部署が取り組む仕事は「失敗からの回避」に該当するといえるでしょう。

自己価値充足モデル

失敗からの回避が求められる仕事でも、当然、意欲的に取り組む人は大勢います。これらの人は、どのようなことを源泉として、自律的に取り組んでいるのでしょうか。これを説明するものとして、筆者らは「自己価値充足モデル」を提唱しています（池田・秋保・金山・藤田・後藤・河合，2021）。

自己価値充足モデルとは、人は、自らの価値や能力、存在意義（総じて自己価値）を満たすために働き、それが充足することで、仕事に対するモチベーションがさらに高められるという理論です。

私たちの自己価値は、大きく2つ、企業な

図表2－5　自己価値の所在と対象から見た自己価値充足モデル

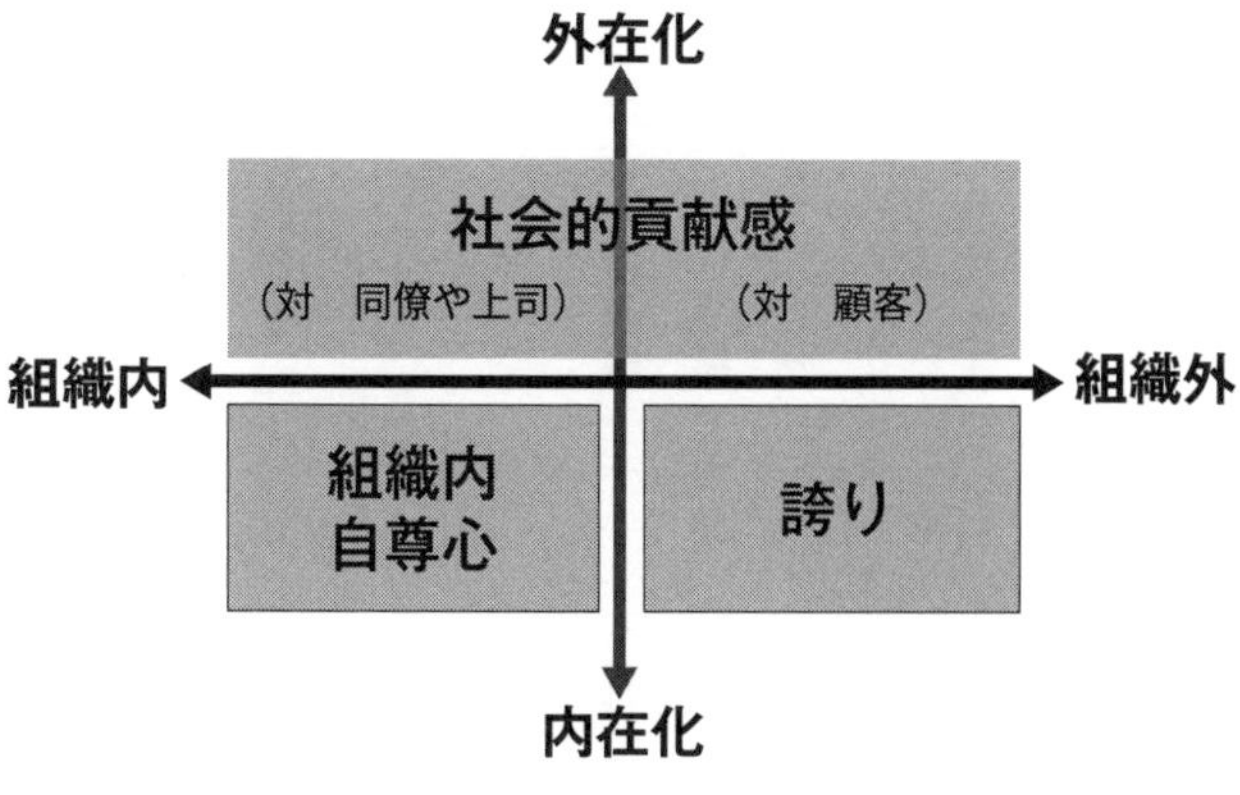

どの組織の中で得られるものと、企業を離れて社会などの組織外から得られるものとに分けられます（図表2－5）。

同時に、自らの価値を、他者との関わりにおいて見出す「外在化」と、社会や他者を通じて見出す「内在化」に分けられます。そして、それらの自己価値を充足させる要因を、次の3つに分類することができます。

①社会的貢献感

自らの価値を、自分自身ではなく、他者に見出すのが「社会的貢献感」です。これは、自らの業務を通じて、顧客、同僚、上司（総称して「社会的」）に貢献できていると感じる程度を意味します。筆者らの研究チームは、顧客からのトラブルやクレームに対応するインバウンド型のコールセンターのオペレーターを対象に、インタビューならびに調査を行いました。その結果、顧客や同僚に貢献できたと感じている程度が大きいほど、それがモチベーションの源泉となっていることが明らかになりました。

また、例えば医療や運輸、エネルギーなどの安全遵守が求められる仕事では、それを完遂することで、直接的あるいは間接的に顧客や職場に貢献できています。その社会的貢献感をどの程度感じているかが、モチベーションを左右するといえます。

②誇り

自らの価値が、社会など他者からの評価によって内在化する要因が「誇り」です。誇りとは、複数の組織が存在する文脈において、自身が所属する組織が注目され、かつ高い評価を受けているときに感じる肯定的な自己評価を指すものです。誇りについては、すでに医療業や鉄道業においても検討され、そうした仕事に従事する人々の仕事への取り組み方に効果を持つことが確認されています。

失敗からの回避が求められる仕事では、達成感や成長感は感じにくいものの、自らの組織や職種が外集団（他組織や社会、他職種）から高い評価を受けることで自らの存在意義を感じ、それがモチベーションにつながるのです。

③組織内自尊心

3つの目の要因は「組織内自尊心」です。ミネソタ大学のピアス教授らは、組織内自尊心を「個人が組織の成員として自己を有能で価値ある重要な存在と捉える度合い」と定義します（Pierce, Gardner, & Cummings, 1989）。また、その研究によって、重要他者である組織や上司からのポジティブメッセージが組織内自尊心を高め、そしてそれが組織や同僚に貢献する自発的な支援行動（組織市民行動）や組織への愛着を意味する組織コミットメントを引き出すことを明らかにしています。したがって、組織内で必要とされているという自己認識や、存在意義を感じる組織内自尊心は、職務の特性いかんにかかわらず、モチベーションを高めると予想できます。

以上の自己価値充足モデルを描いたものが図表２－６です。

図表２－６　自己価値充足モデル

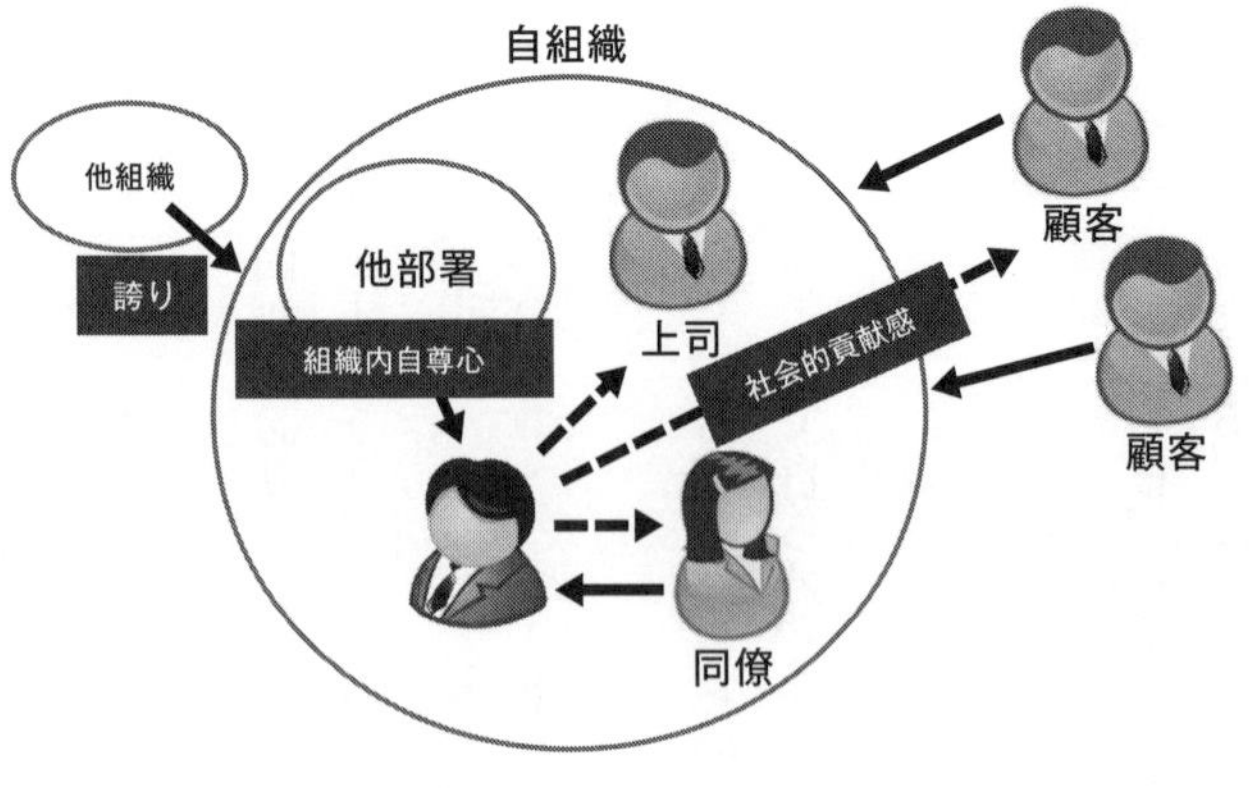

自己価値充足モデルの適用可能性

自己価値充足モデルは、幅広く普遍性を持つモデルです。そして、これを構成する3つの要因は、必ずすべてを満たす必要があるわけではなく、組織や仕事、雇用形態において、いずれかの要因から自己価値を満たせばよいのです。

例えば、非正規社員として働くコールセンターのオペレーターであれば、会社の社会的な知名度が低いのであれば「誇り」を抱くことは難しくなります。また非正規雇用であるため、組織内での存在価値も感じにくく、「組織内自尊心」も十分満たすことはできません。しかし、最前線で顧客と関わることで、顧客の役に立っていると感じ、「社会的貢献感」を感じることで自己価値を満たすことができれば、仕事に対して意欲的に取り組むことができます。

また、大手企業で働く経験の浅い社員を考えてみましょう。大企業であるがゆえに、仕事が部門や部署などにブレークダウンされており、自らに割り当てられた仕事と顧客との距離が遠いため、なかなか「社会的貢献感」は感じられません。また、経験が浅いことから企業内でそれほど存在意義も見出せておらず、組織内自尊心を十分満たすこともできません。しかし、自分の会社の知名度が社会的に高いことから、そこで働いていることへの「誇り」が自己価値を満たして、働く原動力になることもあるでしょう。

中小企業の管理者はどうでしょうか。中小企業で知名度は低いとすれば、「誇り」は感じにくく、また日頃はマネジメント業務に従事しているため、直接顧客と接する機会がなく「社会的貢献感」も十分感じられません。しかし、社内で経営者や同僚、部下からも頼られていて、「組織内自尊心」を十分感じられているとすれば、自己価値を満たしているといえます。

自己価値充足モデルは、特に失敗からの回避の仕事で有効であることを述べてきましたが、もちろん成功への接近の仕事においても適用可能です。

5 自らモチベーションを調整する

変動するモチベーション

仕事に取り組むモチベーションは、絶えず一定の状態で維持されるわけではなく、さまざまな出来事に影響を受けながら日々変動します。かつてのように、職場に出勤して同僚などと一緒に働く環境であれば、他律的であれモチベーションが喚起されて、仕事に取り組むことができました。しかし、そうであってもモチベーションは大きく変動します。まして、テレワークなど、職場外で働く環境においては、自分自身でモチベーションを調整しないことには期待される成果を出すことは難しくなります。その意味でも、モチベーションを自己調整できるスキルと能力は、ますます重要性を持つことになるでしょう。

しかし、産業・組織心理学や、その他の関連領域におけるモチベーション研究を概観しても、モチベーションの高さを説明する内容論（マズローの欲求階層説など）や、モチベーションがどのようなプロセスで生まれるかという過程論（期待理論など）がほとんどであり、モチベーションの自己調整に関する研究は、ほとんど稀少にとどまっているのが現状です。

課題遂行過程の3段階

いかなる仕事も、それに着手することから始まり、一定期間を経て、その仕事が完了し、成功あるいは失敗いずれかの結果が得られます。九州大学の古川名誉教授は、この課題遂行過程の3段階（着手段階―中途段階―結果・完了段階）を意識しながら、各段階のモチベーションにつながる心理状態を説明しています。例えば、着手段階であれば「やってみよう」、中途段階であれば、紆余曲折しながらも「最後まで取り組み続けよう」、そして結果・完了段階では「また次も頑張ろう」というモチベーションです。

そして、先述のモチベーションの源泉も、この3つの段階に位置づけることで、働く人々が自身のモチベーションを引き出したり、あるいは停滞したときにも再び鼓舞するための調整方略が明確になります。

①着手段階

新たに職務に取り組みはじめる段階では、「よし、やってみよう」という前向きなモチベーションが重要です。古川氏はこれを「着手モチベーション」と呼んでいます。この段階では、先のロッソの仕事の意義（51ページ）やジョブ・クラフティング（54ページ）のように、自らの仕事が持つ意義を理解しながら、役割の再定義を図る必要があります。例えば、自らの仕事が、①顧客にどのような価値をもたらすか、②同僚や職場（チーム）、さらには組織にどのような貢献をもたらすか、③自らの成長につながるか、などの意義を考えることです。

また、職務に取り組むうえで、その職務の遂行結果に関する目標を設定することも重要です。モチベーションは、ある目標の達成に向けてひたむきに取り組んでいる状態であることを考えると、目標はモチベーションを喚起する誘因（行動を引き起こす刺激）の役割を持ちます。この意義に着目した理論が、心理学者のロックとレイサムによる「目標設定理論」です。

目標設定理論は、目標が次の3つの要件を備えているときに、人は動機づけられ、高いパフォーマンスを上げることを明らかにしています。

1つ目は、目標が「具体的」であるときです。単に「一生懸命頑張る」（do the best）などの抽象的な目標よりも、具体的な数字で示す目標のほうが、それを達成しようとする推進力を生みます。

2つ目は、目標が「困難」なときです。容易に達成できる目標ではモチベーションは湧きません。達成がやや困難であるときほど、それを実現しようとする推進力を生みます。

3つ目の要件は、目標に「関与している」ことです。単に上司や経営層から割り当てられた目標では、やらされ感が生まれかねません。それよりも、自ら設定した目標のときや、他者から与えられた目標であってもそれを実現することに意義を感じているとき、モチベーションを促進する効果は強くなります。

目標を設定することに関わる施策としては、目標管理制度（ＭＢＯ）が多くの組織で運用されていますが、目標を設定することの意義としては、この目標設定理論を理論的根拠としています。

また、設定する目標の内容は、職務に関わる業績目標だけではありません。職務を通じて自らの成長を目指した「学習目標」や、同僚などの関係者との協力や連携といった「協力目標」の設定なども有効です。

②中途段階

職務に着手してからは、すぐに結果に至るわけではなく、比較的長い時間がかかります。中途段階は、最も長い時間を要することから、モチベーションが変動し、ときに萎えてしまうことも珍しくありません。そのため、この段階では、「頑張り続けよう」というモチベーションの持続性をいかに保てるかが重要です。それが、後続する結果・完了段階でのモチベーション形成の成否を決めるといえます。ところが、これまでのモチベーション研究の主要な理論を見渡しても、この中途段階に着目した理論はほとんど存在しません。

中途段階での多少のモチベーション変動を必然的な出来事として考えると、仕事に対するここまでの手応えや進捗を確認しながらモチベーションの変動を調整して、自らを鼓舞することが期待されます。

中途段階におけるモチベーションの調整に関わる理論として、社会心理学者であるカーバーとシャイヤーによる「自己制御理論」があります。自己制御とは、個人がある行動についての情報を獲得し、その情報に基づいて何らかの調整を行うことを意味します。ここでの重要な情報源は、フィードバックです。すなわち、課題遂行過程において、現在の状態に関するフィードバックを得ることで、望ましい目標状態との比較が行われます。その結果、その差を埋めるべくモチベーションを調整することにつながるのです。それだけでなく、仕事の進捗状況を知ることで、これまでの手応え（効力感）や今後の見通しを得ることができます。

③結果・完了段階

結果・完了段階は、これまで取り組んだ仕事の結果が得られる段階ですが、ここですべてが終了するわけではありません。次の仕事に向けたモチベーションが形成される段階でもあります。

この段階で、仕事についての達成感や、自らの成長を感じることができれば、それが肯定的な自己評価につながり、次の仕事に向けてのモチベーションを持つことができます。これらの達成感や成長感は、着手段階においてそれらに関わる目標を設定しておくと、より把握しやすくなります。

このほか、自己価値充足モデルでも紹介したように、自らの仕事を通じて顧客や同僚の役に立ったと感じる「社会的貢献感」を得ることも、次のモチベーションの形成に役立ちます。

本章のポイント

■自律的なモチベーションには、「自ら進んで能動的に取り組む」ことと、「自らのモチベーションを調整できる」という意味がある。

■仕事の多くは「他律」から始まる。しかし、仕事に対する自己決定次第で「自律的」なものに変わる。

■「仕事の意義をどう見出すか」が、自律的なモチベーションを引き出す鍵になる。

■間接部門や安全管理などの「失敗からの回避」を目的とする仕事ほど、モチベーションに配慮する必要がある。

第3章

多忙化が招く心理的落とし穴とその克服

1　多忙化の実態

働き方の変化で問われていること

　昨今、さまざまな業種において、働く人々の多忙化が問題となっています。我が国では、古くから勤勉さが美徳と見なされており、長時間働くことが当然のように受け入れられてきました。それもあってか、第1章でも紹介したように、我が国の時間あたりの労働生産性は、先進諸国と比べて低いことがわかっています（経済協力開発機構のデータより）。

　働く人々の多忙化を招いている原因とは、どのようなものでしょうか。

マルチタスク

　一つには、複数の業務を並行しながら取り組む「マルチタスク」があります。我が国では、1人が1つの職務だけに終始取り組むことはまれで、多くの人が複数の仕事に取り組んでいます。例えば1日の仕事の中でも、会議や打ち合わせ、資料作成、メール処理、事務処理など、対応すべき仕事が山積していきます。このほかにも、大きなプロジェクトを複数抱えることもあります。こうしたマルチタスクについて、心理学の多くの研究は、効率性や生産性を低下させると指摘しています。その心理的メカニズムについては後述します。

図表3－1は、1つの仕事に取り組んでいるときと、複数の仕事に取り組んでいるときの脳の状態を示しています。人は、1つの仕事に取り組むのであれば、100％のエネルギーと集中力を注ぐことができます。ところが、2つの仕事に取り組むマルチタスクでは、50％ずつどころか、それよりも低いエネル

図表3－1　シングルタスク時・マルチタスク時の脳の状態

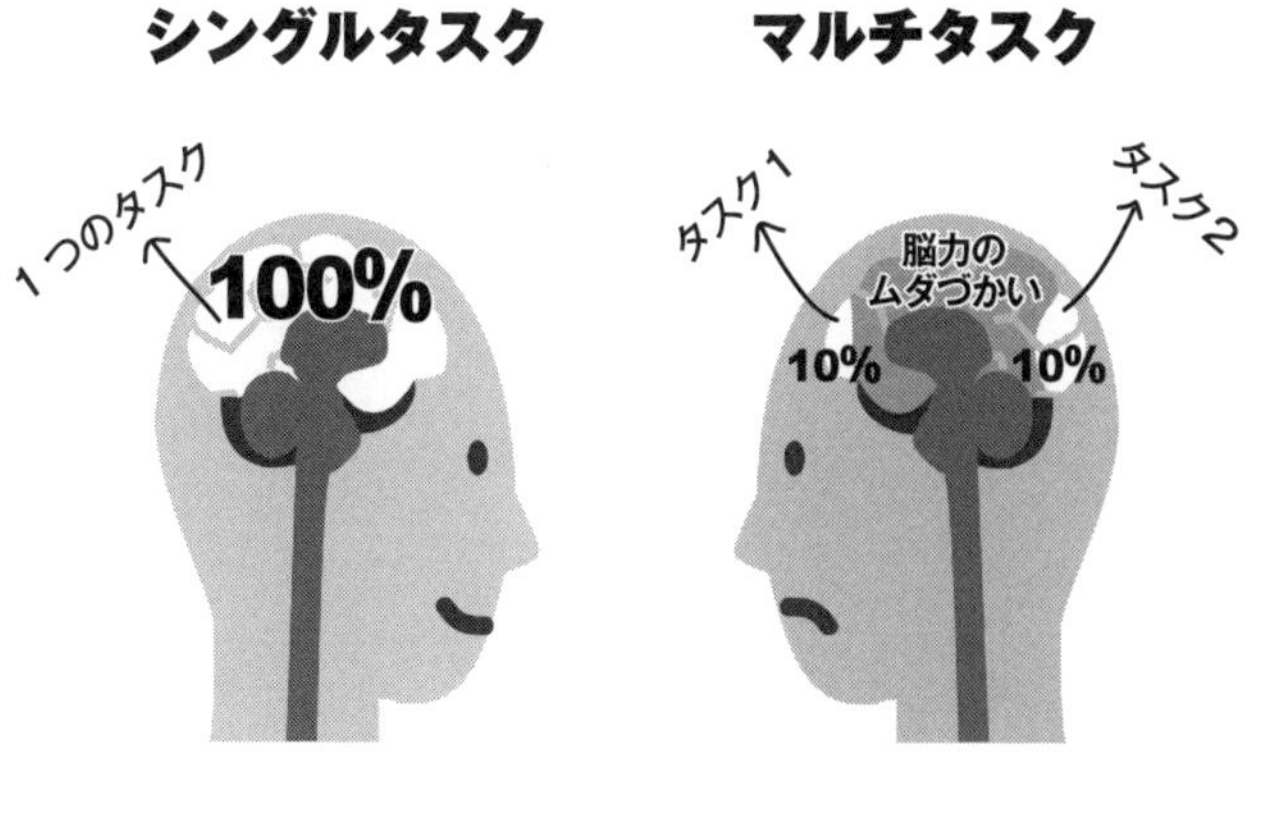

ギーと集中力しか注ぐことができず、結果として低い成果にとどまってしまいます。

マルチタスクのなかでも、特に質の異なる仕事を並行する場合は、いっそう生産性を脅かすことになります。特に、適切な方法やミスを発見するといった収束的思考を必要とする仕事と、創造性や新しいアイディアを発想する拡散的思考を必要とする仕事を並行して進めようとすると、集中力の持続時間が短いだけでなく、思考の切り替えにも長時間を要することがわかっており、注意が必要です。

電子メールの功罪

組織内外の人とのコミュニケーションツールとして不可欠な電子メール（Eメール）も、私たちの多忙化に拍車をかけています。電子メールは、物理的な距離のある人に対する連絡手段として、利便性の高いツールです。相手の時間等を気にせずに送信でき、受信する側としても仕事の合間や移動中などの隙間時間に確認することができます。

しかし、その利便性のあまり、連絡手段として依存してしまっている人も多くいます。例えば、直接口頭でコミュニケーションすれば数分で済む内容にもかかわらず、メールを使用することに固執し、その内容を文章化するのに多くの時間を割いてしまうことも珍しくありません。さらには、組織内どころか同じ部署間での連絡にもメールが使用され、結果として、1日の多くの時間が電子メールへの対応に割かれています。

多忙化に拍車をかける労働時間の厳格な管理

以上に加え、多忙化に拍車をかけているのが、働き方改革の柱の一つとされている、労働時間の厳格な管理です。膨大な業務に対し、少ない人数で、残業をしつつなんとか対応していたところに、さらに時間が限られてしまうのでは、働く人々の多忙感は計り知れません。

しかし、労働時間を管理するねらいは、労働生産性を向上させることであり、働く人々のメンタルヘルス不調を予防し、ひいてはワークライフバランスを実現することです。そのため、働く人々はこの機会を、自らの仕事の取り組み方を振り返り、さらに効率的で効果的な働き方を実現する好機として取り組んでいく必要があります。

2　多忙化が招く心理的落とし穴

業務量の多さやマルチタスクによる多忙化、それに加えた労働時間管理の厳格化により、さまざまな問題や弊害が生じています。例えば、多くの人々から「効率性が落ちた」「生産性が下がった」とパフォーマンスの低下を嘆く声が聞こえてきます。この流れは組織の弱体化を招くとする指摘もあります。

働く人々の多忙化を克服して、効率性と生産性を高め、活き活きと働いてもらうための対策を講じるには、多忙化が招く心理的なメカニズムを適切に理解して、それを克服する必要があります。

注意残余

多忙化が招く1つ目の心理的落とし穴は、注意残余と呼ばれる現象です。この現象は、特に複数の業務を並行しながら取り組むマルチタスクに従事しているときに生じます。

例えば、マルチタスクのもとでは、図表3－2にあるように、職務Aに一定時間取り組んだあと、別の職務Bに取り組み、そしてまた別の職務に取り組むということを繰り返しています。あるいは、職務Bに取り組んでいる最中に、同僚から先ほどまで取り組んでいた職務Aについて問い合わせを受けることもあるでしょう。

こうした働き方を経験したことがある人であればわかるように、もとの職務に対する注意（意識）が、新しい職務に取り組む際に残ってしまいます。これをワシントン大学のソフィー・レロイ教授は、「注意残余」（attention residue）と呼んでいます。

すなわち、新しい職務に取り組もうとして

図表３－２　マルチタスクで産まれる注意残余

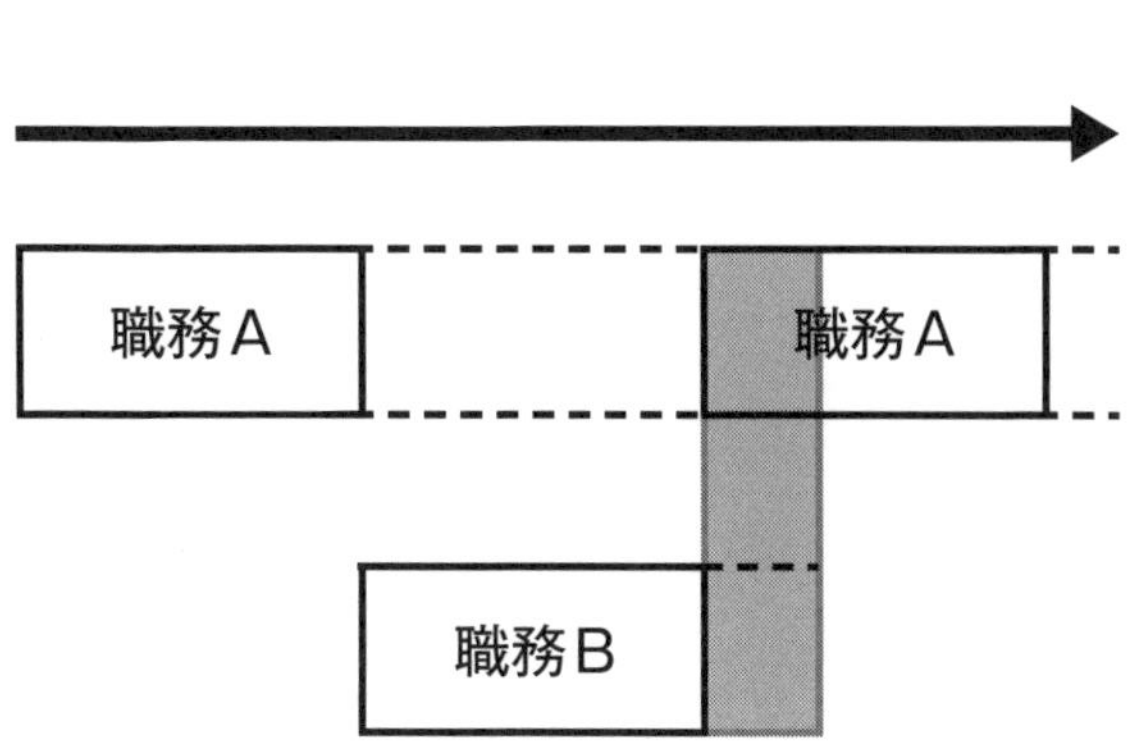

も、以前の職務への意識が残っているために、集中力や注意力が阻害されます。特に、異なる志向性を要する職務間で注意残余が起きやすいことが知られています。

例えば、ミスが生じないように取り組むことが求められている職務に取り組んだあと、今度は新しいアイディアや発想が求められる職務に取り組もうとしても、なかなか成果が上がらないのは、この注意残余による影響といえます。前者の仕事が要請する思考は収束的思考と呼ばれ、意識や考えを一点に集中するような思考形態です。正解を求める、正しいことをしっかり遵守する、不具合や故障の原因を見つけるなども、収束的思考が求められる仕事です。他方で、後者は新しい企画や提案を考えるなど、少ない手がかりから多くの発想をすることが求められる思考形態で、拡散的思考とも呼ばれます。

内発的モチベーションの功罪

マルチタスクに取り組む際には、別の問題にも留意しておく必要があります。第2章でも述べたように、モチベーションは、それがどのように生まれるかの源泉によって、大きく外発的モチベーションと内発的モチベーションに分かれます。そのなかで、従来の研究では、外発的モチベーションは、報酬や罰、他者からの指示によって行動が動機づけられているため、他律的であり、それゆえ、モチベーションの持続性も短く、パフォーマンスも相対的に低いとされています。

それに対して、内発的モチベーションは、その課題や職務に対する興味や関心、自分の能力に対する有能感などが源泉であるため、自律的であり、それゆえパフォーマンスも高く、創造的であるといわれています。これらのことから、ビジネスや教育の現場でも、基本的には外発的モチベーションよりは内発的モチベーションが望ましいと考えられています。

自らの仕事に対して、興味を持ったり、また面白さを感じる内発的モチベーションを抱きながら取り組むことは、望ましい状態といえます。しかしこの議論は、ある特定の単独課題や職務を想定したものです。現在の多くの企業がそうであるように、従業員が複数の業務に携わるようなマルチタスクに従事している場合には、内発的モチベーションはどのように作用するのでしょうか。

この問題に対して、産業・組織心理学者であるシンとグラントは興味深い研究を報告しています。彼らは、内発的モチベーションは高ければ高いほどよい、というわけではなく、特にマルチタスクのような複数の職務に従事しているときには、それが副作用をもたらす、としているのです。

すなわち、内発的モチベーションが非常に高い場合とは、その職務に対して非常にのめり込んでおり、過度に夢中になっている状態を意味します。そうすると、別の職務への興味や関心が薄れてしまい、退屈さを感じ、かえってその別の職務に対するモチベーションを下げてしまうというのです。特に、別の職務がつまらなく退屈と感じられるときほど、この傾向は顕著に表れます。

したがって、むしろ望ましいのは、適度に高い内発的モチベーションを保持することだといえます。中庸な内発的モチベーションは、ある仕事に対して程よい前向きな状態を作ることから、別に取り組んでいる仕事に対してもモチベーションを持つことができるのです。

認知資源の枯渇

多忙化が招く2つ目の心理的落とし穴は、「認知資源の枯渇」です。

私たちは、仕事において、物事に集中したり、注意を向けます。また、さまざまな場面で選択と判断を行うだけでなく、ある手がかりから推論したり、アイディアを創造することも行います。こうした私たちの思考の中で営まれる知的な情報処理には、一定の知的エネルギーを要します。これを「認知資源」と呼びます。

この認知資源は、思考を行うごとに消費してしまい、長時間が経過すると枯渇します。認知資源の減少は、パフォーマンスの低下を招きます。不適切な判断をしてしまったり、創造的なアイディアが生まれにくくなったり、ミスが発生してしまうなどの問題は、認知資源が枯渇したことによると考えることができます。

これを実証した有名な実験として、社会心理学者であるロイ・バウマイスターの研究があります。この実験では、多数のお腹を空かせた大学生に参加してもらいました。大学生は、チョコレートクッキーとラディッシュ（甘口大根）が置いてあるテーブルの前に座ります。テーブルからは、焼きたての美味しいチョコレートクッキーの匂いが漂ってきます。

そして、大学生は2つの条件で分けられ、1つはチョコレートクッキーを食べてもよい、という条件で、もう1つはラディッシュしか食べてはならない、という条件です（図表3-3）。後者は、空腹で美味しい匂いがするにもかかわらず、それを我慢することが求め

図表３－３　認知資源の枯渇に関する実験条件

図表３－４　認知資源の枯渇に関する実験結果

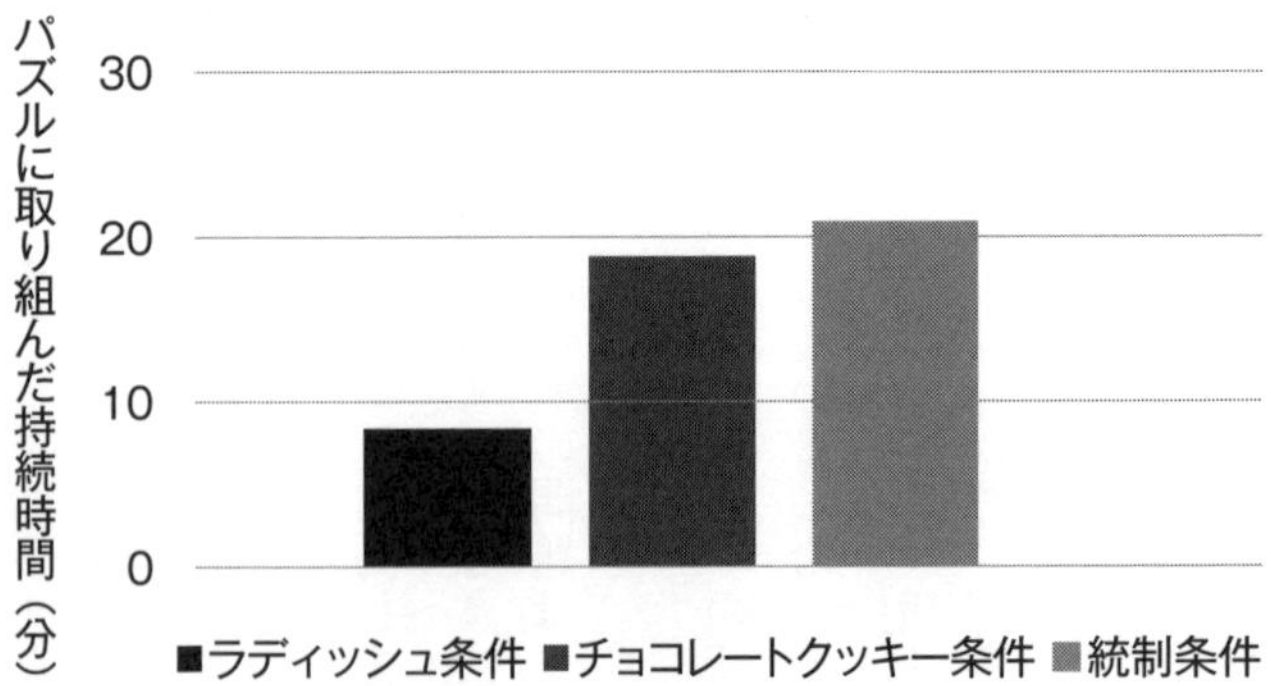

られるため、認知資源を消費することになります。

その後、実験に参加した大学生に、テストとして難解なパズルを解かせました。このパズルは解けないように作られており、その目的は、解くのを諦めるまでの時間を測るというものでした。すると、2つの条件では、結果に大きな差が生まれました（図表3－4）。チョコレートクッキーを食べる条件の大学生は、空腹を我慢することなく食欲を満たせたため、認知資源はそれほど消費していません。すると、20分もの長時間、パズルを解き続けました。他方で、ラディッシュを食べる条件の大学生は、甘い匂いへの誘惑を我慢し続けることで認知資源を消費したため、わずか8分しかパズルを解きませんでした。なお、このほかに、食べ物を置かず、空腹でない状態で、単に難解なパズルを解いてもらうという統制条件も設定しました。この場合も認知資源は枯渇していないため、チョコレートクッキー条件とほとんど同様の時間、パズルを解き続けることができました。

この実験は、多忙な人々の働き方について、さまざまなことを教えてくれます。

1つ目は、過度に認知資源を要する仕事に従事すると、その後の仕事の質を低下させてしまうということです。特に、重要な判断や意思決定を要するときほど留意する必要があります。

2つ目は、仕事の段取りの重要性です。例えば、認知資源は朝が最も豊富であるとされていますが、朝からそれほど重要でない仕事を優先すると、それに認知資源が割かれてしまいます。認知資源の割り当てという観点でいえば、重要性の高い仕事こそ朝に行うべきです。そう考えると、メール対応なども、特に重要なものを除けば、認知資源の豊富な朝や、その都度対応するよりは、仕事が一段落したときや、認知資源を消費したときのほうがよいのかもしれません。言い換えると、優先順位の低い事柄に認知資源を使いすぎると、重要で優先順位の高い事柄に十分に認知資源を割くことができなくなる、ということです。

なお、認知資源の回復には時間を要することがわかっています。特に、十分な睡眠は認知資源を回復させる重要な方法です。また、昨今、メンタルヘルス対策にも効果があると指摘されているマインドフルネス（瞑想により今現在起こっている経験に心を向けること）も効果的です。

3 多忙化をどう克服するか

このように、多忙化はさまざまな心理的落とし穴を招き、弊害をもたらしています。大きな弊害の一つが、会社の弱体化です。現場にいる人々の働く意識や仕事の段取りなど、働き方そのものを見直さずに、ただ労働時間の管理を強めてしまうと、当然ながら精神的にもゆとりがなくなり、成果は上がらず、むしろ低下することも起こり得ます。それをなんとか挽回しようと、上司に隠れて残業をする隠れ残業などが生じているケースも少なくありません。これではライフワークバランスどころか、働く人々にとってますますストレスとなり、精神的に疲弊してしまいます。

こうした現状を、どのように打破することができるのでしょうか。

働き方改革の〝本質〟を理解する

近年、多忙化に拍車がかかったことで、働き方改革そのものの是非が議論されることがあります。とはいえ、我が国ではこれまで長時間労働が当然の働き方として見なされてきたこと、時間あたりの生産性が欧米と比べて大きな後れをとっていることは事実であり、なんらかの対応が求められます。少子高齢化の問題にしても、労働者人口の不足は日々深刻化しています。

こうした現状を踏まえると、働き方改革に抵抗するのではなく、むしろ私たちの働き方や働く姿勢を見直す好機と捉えるべきです。そう考えると、働き方改革の本質は、働く個人が自らの成果とそこに至るプロセスを意識化すること、と捉えることができます。

かつての成果主義をめぐる議論

働き方改革を巡る議論は、1990年代末にもてはやされた成果主義の議論とも類似しています。バブル崩壊後、我が国で長く運用されてきた年功主義、終身雇用という人事制度がもはや立ち行かなくなりました。どの企業も業績不振に喘ぐなか、業績に貢献した人を適切に評価して、それに見合った給与等の処遇を与えるものとして、多くの企業で成果主義が導入されました。マスメディアなどでも、これからの時代は成果主義であると取り上げられました。

しかし、多くの企業が成果主義を導入するようになると、運用の失敗事例（運用制度としては目標管理制度）が暴露されるなど、その副作用が次々と明るみになりました。すなわち、成果を重視するあまり、①自分の業績にしか関心を向けなくなり、②同僚や職場への協力や助け合いが失われ、③メンタルヘルスに不調を来す人も増え、④評価への不公正感が生まれました。こうしたことから、成果主義は、結果主義や評価主義と揶揄され、多くの企業が制度の見直しを迫られるようになります。

当時、多くの企業が導入した成果主義は、業績評価や処遇ばかりに目を向けたものであったため、先述の批判を招きました。しかし、成果主義の本来の意図とは、「働く個人が自らの成果を意識化すること」にあります。批判を恐れずにいえば、かつての高度経済成長期では、環境の変化も緩やかで、同じ課題に毎日コツコツと取り組んでいれば、一定の成果を出すことができ、企業も成長が見込めました。こうした時代では、多くの人々が自らの役割と、それを遂行した結果としての成果を十分に意識せず、漫然と仕事に取り組んでいました。しかし、昨今はそうした働き方では立ち行きません。

成果主義は、一人ひとりが自らに課せられた職務や役割を正確に理解し、自らが実現すべき成果（業績や成長などを含む）を明確に意識しながら、それを実現するための道筋やプロセスを意識化することに本質的な目的があるといえます。そして成果主義の実質的な運用制度である目標管理制度も、そうした成果への意識化を促すような運用のなされ方が必要といえるでしょう。

多忙化を乗り越え、活き活きと働くために

働き方改革の本質を理解したうえで、あらためて多忙化を克服するための方法を考えてみましょう。

1つ目は、「業務の棚卸しと整理」です。多忙化が増す原因の一つは、業務が増えることは多くあれど、減ることは滅多にないということに起因しています。人々の仕事量を適正な量に可能な限り近づけていくためには、仕事を見える化して、必要性の低いものは整理することが必要です。

2つ目は「業務の段取り」です。業務が適正な量になれば、それに対し、どのように取り組めば効率的かつ生産性を向上させることができるのか、その段取りを意識することが

必要です。要請されたことにその都度対応するのではなく、長期的かつ短期的に、何をどのような順序で取り組むかを可視化する必要があります。

3つ目は「認知資源の選択的集中」です。先述のように、私たちが保有している認知資源は有限です。限られた時間で、最大限のパフォーマンスを発揮するために、認知資源をどの業務に選択的に費やすかの視点も不可欠といえます。例えば、創造性を要するような企画や提案などの仕事には、認知資源が豊富な午前中に取り組み、それほど認知資源を要さない事務的な処理やメールの対応などは夕方に取り組むようにするなど、メリハリのきいた対応が必要でしょう。

4つ目は「仕事の意義を見出し、よりアクティブに取り組むこと」です。第2章で紹介した通り、同じ仕事であっても、仕事の意義をどう捉えるかによってモチベーションや取り組み方が変わってきます。仕事の意義をあらためて捉え直すことが必要です。

本章のポイント

■漫然とマルチタスクに取り組むと、かえって効率性と集中力を落とす。

■マルチタスクでは、直前に取り組んだことへの注意が残る「注意残余」が生まれる危険性がある。

■仕事において判断や推論、選択、集中などの思考には「認知資源」が必要。これを戦略的かつ選択的に割り当てる必要がある。

■働き方改革では、仕事の成果とそれにつながるプロセス（仕事への取り組み方）を意識化することが求められている。

第4章

心を疲弊させる感情労働と仕事の意義

1 働く現場で求められる感情

増加するサービス業

近年、サービス産業の進展に伴い、モノを生産する労働に代わり、サービスを提供する労働が増え、その割合は2016年時点で約7割を超えているといわれています（松本, 2016）。この事実は、働く人々の大半に、消費者や顧客との言葉や所作のやりとりを含んだ直接的あるいは間接的なコミュニケーションが求められることを意味しています。そして、このニーズを満たすために、その仕事に従事する人々は、直接的な言語コミュニケーションだけでなく、言葉の抑揚や表情によって示される感情（喜怒哀楽など個人が主観的に経験する感覚のこと）にも気をつける必要があります。

つまり、サービス産業で働く人々は、かつての仕事と比べて、特に「感情」をコントロールすることが要請されるようになりました。

身近な仕事と感情

仕事と感情との関係を理解するため、ここではサービス業という枠にとらわれずに、私たちと密接に関わる仕事をいくつか考えてみましょう。消費者や顧客と直に接する仕事では、いかに感情をコントロールすることが求められるか理解できます。

①サービス業従事者（ウェイター、小売業等の販売員、客室乗務員など）

ある世界的ファーストフード店のメニューの下に、「スマイル0円」と表記されているのは有名な話です。このメニューが物語るように、顧客サービスを担う仕事では、本来取り組むべき仕事に関するマニュアルが存在し、仕事によっては高いスキルが求められるものの、共通して期待されているのは、常に「笑顔でお客様に接すること」です。つまり、サービスを提供するスタッフの笑顔こそが付加価値を持つと考えられています。

②医療従事者（看護師、医師、その他の医療従事者など）

医療従事者は、患者が抱える疾患を治療するだけにとどまらず、患者に対して「関心と共感」を示すことが求められます。患者が抱える不安に寄り添いながら、感情に共感することが期待されているのです。

③警察官・警備員

警察官、警備員などの仕事では、絶えず緊張感を保ちつつ、時に「怒りや苛立ちなどのネガティブな感情」を意図的に表出することが求められます。例えば警察官は、生死に関わる交通事故を未然に防ぐため、日々、交通取締りを実施しています。そして、違反者に罰則を与える際には、その危険性を意識づけるために、怒りの感情を伴いながら対応することが求められます。警察官によって程度の差こそあれ、ニコニコと明るい表情で対応していては、ことの重大さが伝わりません。

④コールセンターのオペレーター

現在、さまざまな業種の多くの企業がコールセンターを抱えています。コールセンターの業務は、オペレーターが顧客に電話をかけて商品などを販売する「アウトバウンド」と、顧客からかかってきた電話に対応する「インバウンド」に分かれます。いずれも、電話というツールを介した顧客とのコミュニケーションが求められる業務です。

アウトバウンドの業務では、明るい声で会話を始めることが要請されているものの、突然電話を受けることになった顧客から厳しい言葉をかけられたり、また断りもなく電話を切られることも少なくありません。当然、落ち込んだり、不愉快に思ったりしますが、その気持ちを抑えて次の顧客に電話することが求められます。他方、インバウンドの業務では、顧客から強い口調でなじられたり、不当な要求をぶつけられることも珍しくありません。それにも冷静かつ的確に対応することが求められます。

第三次産業としての「感情労働」

これらの仕事に共通しているのは、消費者や顧客と交流する際に、笑顔や明るい表情などのポジティブな感情を表出したり、またそれを意図的に抑制したり、場合によっては怒りなどの感情を表出することを求められたりというように、「感情」をコントロールすることが求められていることです。アメリカの社会学者ホックシールドは、こうした労働のことを「感情労働」（emotional labor）と呼び、肉体労働、頭脳労働と並ぶ、第三の労働形態として位置づけました。代表される仕事として、旅客機の客室乗務員、接客業、看護師、介護士、教員、営業職、コールセンターの電話オペレーター、官公庁や企業の顧客対応部門などが挙げられます。

AI時代にますます求められる感情

昨今、働く現場はもとより、社会のさまざまなところで、AI（人工知能）の技術が活用されようとしています。ロボティクスの技術や、あらゆるモノがインターネットにつながるIoTも普及しつつあります。オックスフォード大学のマイケル・A・オズボーン准教授は、これらの技術革新によって多くの仕事が機械に代替されることを予測し、未来の雇用のあり方に議論を巻き起こしました。事務的業務や生産現場などでは、すでに人間がAIに代替されつつあります。

他方で、人間が担う仕事のなかでも、特に感情を伴う仕事がいっそうの付加価値を持つようになると予想されています。つまり、顧客に対しておもてなしの心を持って接客にあたることや、患者から丁寧に話を聞き不安を解消するなど、人間でないと対応できない仕事の割合が増える可能性があるのです。

2 仕事に感情という付加価値を求める「感情労働」

ホックシールドによる感情労働という考え方

我が国では、古くから顧客に対して心を込めて接客や応対をすることを「おもてなし」と表現し、当然のこととして定着してきました。一方で、近年アメリカでは、特に顧客や消費者と接する仕事において、顧客に心を込めた対応をすることが求められるようになってきました。ここでいう「心」とは、笑顔や明るさなど、相手に対するポジティブな感情を込めることを意味しています。そして、その対応の仕方はマニュアル化され、研修等にも取り入れられるようになります。顧客と接する仕事に「感情」という付加価値をつけて働くことを、アメリカの社会学者アーリー・ラッセル・ホックシールドが「感情労働」と名付けたのは先述の通りです。

ホックシールドは、1983年に『管理される心――感情が商品になるとき』（原文は「The Managed Heart: Commercialization of Human Feeling」）を出版して、感情社会学という視点から、「感情労働」という新しい労働形態を世に知らしめました。特に、私たちの心・感情（Heart）が付加価値や商品価値を持つものとして、組織から管理（Management）されるという視点は、当時の働く人々に驚きを与えました。

この感情労働について、ホックシールドは「相手に感謝や安心の気持ちを喚起させるような、公的に観察可能な表情や身体的表現をつくるために行う感情の管理」と定義しながら、次の3つの特徴を持つと指摘しています。

①対面あるいは声による顧客との接触が不可欠である。
②労働者は他人の中に何らかの感情変化（感謝の念や恐怖心等）を起こさなければならない。
③雇用者は、研修や管理体制を通じて労働者の感情活動を支配する。

1つ目は、感情労働という仕事の特徴を指すもので、顧客と直接的な接触か、間接的であっても声による接触（電話など）を持つということを指しています。

2つ目は、感情労働に従事する人が、自身の感情をコントロールすることによって、こちらが意図する感情を受け手にもたらす必要があるということです。例えば、笑顔でおもてなしをすることで顧客に喜んでもらうことや、教師が怒りの表情で指導することで、不適切なことをした子どもに反省を促すことなどが当てはまります。

3つ目は、どのような感情をコントロールするかは、業種や職種など、仕事の内容によって決まっており、それを企業が研修や管理体制を通じて身につけさせるということです。こうした仕事に応じて表すべき感情のことを「感情規則」と呼びます。

感情を偽装する「表層演技」と期待される感情を取り込む「深層演技」

顧客に合わせて感情をコントロールする方略は、①その場面や顧客に相応しい感情を表面的に表出する「表層演技（surface acting）」と、②内面の感情経験を変化させることによって相応しい感情を表出する「深層演技」（deep acting）に分かれます。

前者の表層演技は、例えば、心の中では嬉しくも楽しくもないのに、顧客に笑顔で接客することなどを指します。この場合、他者の目に写る自分の感情が、心の中にある実際の感情とは異なることから「感情偽装」ともいいます。サービス業や接客業などでは、特にポジティブな感情偽装が求められるでしょう。このほかにも、顧客から理不尽なことを言われて、心の中では腸が煮えくりかえっているとしても、決して顔には出さず、冷静に対応することも表層演技の一つです。

そして後者の深層演技とは、自分が感じる気持ち（感情）そのものを、その場に相応しいものに調整し、変化させることです。例えば、顧客が困っていると感じたときに、相手の立場に立ってその気持ちに寄り添い、同情の気持ちを呼び起こすことなどを指します。

感情労働は悪か善か？

ホックシールドが１９８３年に「感情労働」を提唱すると、産業界はもとより、学術界からも大きな関心が集まりました。特に、顧客と直に接する人々には、「気を遣う」「疲弊する」という実感を持っていた人も多かったことから、それらを感情労働という仕事として新しく定義し、働く人々の心に悪影響をもたらすものとしたホックシールドの主張が一定の共感を呼んだものと考えられます。

学問領域でも、社会学はもとより心理学においても、感情労働の特徴を捉えて、その程度を見える化する測度（尺度）が相次いで開発されました。そして、感情労働がいかに働く人々の心を蝕んでいるかを実証的に明らかにする研究が多数発表されました。すなわち、「感情労働＝悪」という認識が定着したように思います。

確かに、「感情労働＝悪」という構図はかなり当てはまっています。実際、自分が心の中で感じる感情とは異なる感情を偽って表出したり、感情を抑制することが求められる表層演技は、情動を消耗してしまい、その結果として燃え尽き症候群（バーンアウト）を引き起こすことが多くの研究で確認されています。

ところが、感情労働のもう一つのタイプである深層演技については、表層演技と同様にストレスを招くなど悪影響があるとする研究がある一方で、個人的な達成感につながるとする報告も多数あります。

はたして、感情労働は私たちの心を蝕む「悪」なのでしょうか。それとも、場合によっては私たちに良い結果をもたらす「善」なのでしょうか。

感情労働が私たちの心を蝕むメカニズムとは

感情労働が私たちの心を蝕むかどうかを見極める鍵となるのが、「感情的不協和」(emotional dissonance)という心の働きです。これは、心の中で感じている感情と、表現する感情や期待される感情が一致しない状態を表すものです。本心とは異なる感情を表出し続けると、どうしても私たちの心は疲れ切ってしまうため、大きなストレスを抱えることになります。例えば、顧客相手に絶えず笑顔で接することに疲れた人、顧客からのクレームに疲弊して怒りやイライラを感じてしまう人、気持ちの落ち込みを隠しながら平静を装って仕事をしている人は、心の中の感情を絶えずコントロールし、異なる感情を表出し続けなければなりません。このように感情が矛盾した状態で仕事をすると、「笑顔ができているだろうか」「声にイライラ感が出ていないか」と自分の感情に常に目を配る必要があります。これが、心の消耗をさらに加速させるのです。

しかし、感情労働に従事しているすべての人が精神的負担を抱えているわけではありません。確かに、表層演技に従事している人は、多くの研究でストレスと関連性が高いとされ、そのほとんどが精神的負担を抱えているといえます。ただ、もう一つの深層演技は、期待される感情と本人が意識的に呼び起こした感情が一致している「感情的な協和」状態であれば、ストレスどころか、モチベーションの源になる効果を秘めているのです。なぜなら、モチベーションは熱意や活気などの「感情」を含む心理的状態であるからです。

言い換えると、感情労働がそれに従事する人に悪影響をもたらすかどうかは、心の中の感情と期待される感情が、相容れない不協和状態にあるのか、あるいは一致した協和状態にあるのかによって分かれるといえます。

第三の感情労働「自発的で真正的な感情労働」

深層演技は、担う仕事に期待される感情を、働く人自身が深いレベルで内面化したものを意味していました。それを実現するための方法として、ホックシールドは、①期待される感情を自ら呼び起こす、②類似の状況などの感情記憶を呼び起こす等を挙げ、これにより必要な感情を呼び起こすとしています。

ここで、世界的に絶大な人気を誇るテーマパークの従業員を思い浮かべてください。そこを訪れたことのある人の中には、アトラクションの面白さだけでなく、そこで働くキャストと呼ばれる従業員のホスピタリティやおもてなしに心打たれた人も少なくないでしょう。彼らは、単にマニュアルに従っているのではなく、ゲストと呼ばれる顧客が何を望んでいるかを一人ひとりが自律的に考えて行動しています。キャストによる笑顔を伴うおもてなしは、先の感情労働のどちらのタイプに当てはまるのでしょうか。どちらにも当てはまらないのではないでしょうか。

ランカスター大学のロナルド・ハンフリー教授とアリゾナ州立大学のブレイク・アッシュフォース教授らは、感情労働のポジティブな側面に注目し、新しい第三のタイプとして「自発的で真正的な感情労働」を提案しています。ここでいう「自発的で真正的な感情労働」とは、期待されている感情（感情規則）と、働く人々が真に心の中で抱く感情が矛盾なく結びついていることを意味します。

先のキャストの例でいえば、彼らはテーマパークやその理念が好きで、そこを訪れる顧客（ゲスト）に心から楽しんでもらいたいと考えているため、自然な笑顔が表れるといえます。また看護師なども、もし患者に無関心であれば、患者に向ける心配や同情は表層演技になりますが、例えば小さい子どもが搬送されたのを見て、心からの心配を寄せるのであれば、それは表層演技とも深層演技ともならず、自発的で真正的な感情労働といえるのです。

3 感情労働の意義とモチベーション

感情労働は、働く人々に悪影響をもたらすだけではなさそうだと理解しました。ここでは、感情労働という働き方の意義と可能性を考えてみましょう。

顧客から見た感情労働

感情労働に関する議論のほとんどは、働き手である労働者の視点に立ったものです。これを顧客の側から見るとどうでしょうか。学術的な知見を引き合いに出さなくとも、例えば航空機を利用する際に、客室乗務員が笑顔で対応してくれると、私たちは温かさを感じ、その航空会社を次回も利用しようとします。また医療現場では、患者が自らの手術に際し、強い不安や動揺を看護師にぶつけてしまうことがありますが、彼らが冷静に対応してくれることで安心感を持ちます。

我が国でも古くから大事にされている「おもてなし」は、どうすれば相手に喜んでもらえるか、満足してもらえるかを常に相手の視点に立って考えた接遇であり、そうした心遣いが相手に感動を与えます。

ポイントは、感情労働を行う労働者が、自身の対応によって顧客が喜びや満足感を感じることにやりがいと意義を感じられているかです。

仕事の意義の持ち方が感情労働の悪影響を和らげる

感情労働のうち、特に表層演技は、自らが経験する感情と、その場で期待される感情との不協和が生じるためにストレスをもたらすと説明しました。また、深層演技でもその効果が一貫していない根本的な原因は、私たちが「経験する感情」にバラつきがあることにあります。言い換えると、働くうえで直面するさまざまな出来事に対し、どのような感情を覚えるかは、私たちの仕事に対する価値観や、仕事に対して抱く意義に大きく依存するということです。例えば、現在就いている仕事に意義が感じられないようであれば、その仕事において要請される感情がどのようなものであっても苦痛でしかありません。しかし、顧客に喜んでもらいたい、楽しんでもらいたいという意義を持っていれば、「経験する感情」と「要請される感情」とが一致して、むしろその感情が働く人のエネルギーとなります。

筆者は、通信販売を営むある企業のコールセンターにおいて、感情労働のもとでは仕事の意義とモチベーションがどう関係するかについて調査しました。まず仕事の意義については、第2章で解説したロッソの仕事の意義4類型に基づき、どういった意義を重視して日頃仕事をしているか尋ねました。すると、「個性化」の意義を意味する「自己成長」を重視している人ほど、感情労働の表層演技がモチベーションを大きく阻害していることがわかりました。他方、「顧客貢献」に価値を置いている人ほど、表層演技がモチベーションを阻害するというネガティブな効果は認められませんでした。

深層演技については十分に検証できていませんが、深層演技が仕事への達成感や満足感につながるとすれば、顧客貢献に意義を持って取り組んでいるからだと推察できます。

顧客への手応えがモチベーションを引き出す

感情労働では、「顧客貢献」の意義を持つことが、その悪影響を和らげると解説しました。ほかにも、顧客からの良いフィードバックが得られたり、仕事への手応えを得ることがモチベーションにつながるとわかっています。

社会学者のウォーターは、航空会社の客室乗務員を対象とした調査において、彼らが自分の技能を発揮して、不安がる搭乗客の恐怖感を鎮めたり、乗客と良好な関係を作ったりしたときに楽しさや喜びを感じ、大きな満足感を抱くことを報告しています（Wouters, 1989）。また、イギリスの社会学者でダービー大学のシャーマとマンチェスター大学のブラックも、ビューティー・セラピストを対象とした調査で、顧客が自分自身に磨きがかかったと喜ぶ姿を見て、自分の能力に満足を覚えることを報告しています（Sharma & Black, 2001）。仕事で感情をコントロールするにしても、それによって顧客が喜び、報われたと感じることが、働く人にとって大きなエネルギーになることがわかります。

本章のポイント

■サービス産業では、感情をコントロールすることが求められ、これを「感情労働」と呼ぶ。

■自分の意思とは反対の感情を表出したり隠蔽する「表層演技」はストレスを招き、バーンアウト（燃え尽き症候群）に陥る危険性を秘めている。

■感情労働に従事していても、働く人々が持つ仕事の意義や価値観に沿った感情が求められるのであれば、ネガティブな効果は認められない。

■ポジティブな感情は、モチベーションを引き出す源泉にもなり得る。

第5章

シニア活躍のための心理的な鍵

1

高まるシニア活用への期待

我が国では、少子高齢化が急速に進行しています。それに伴い、働き手である労働者の数を示す生産年齢人口（15歳～64歳）は、１９９５年の８７１７万人をピークに減少を続け、２０１９年には７５０７万人まで減少しています（総務省人口推計・２０１９年10月1日時点）。そして、この流れは今後もいっそう加速することが見込まれており、国立社会保障・人口問題研究所の推計では、２０４０年には６１９５万人になると予想されています。

働き方改革におけるシニアへの期待

こうした背景から、シニア世代の活用と活躍に大きな期待が寄せられています。ここでいうシニアとは、定年を数年後に控えた55歳以上の世代を指します。働き方改革においても、シニアの活用は大きな柱として位置づけられ、彼らの就業支援を大きく後押ししています。さらに、高年齢者雇用安定法が施行されて以降、再雇用制度や定年延長など、シニアに活躍してもらうための制度が整えられつつあります。少子高齢化社会を迎えるなかで、豊富な知識と経験を備えたシニアをいかに活用し、働き手として活躍してもらうか。国、そして多くの企業がこの課題に取り組んでいます。

就業に対して旺盛なモチベーションを持つシニア

我が国のシニアの就業に対するモチベーション（意欲）は高く、高齢化が進んでいる他の先進国と比べても、その傾向は顕著です。例えば、内閣府が2015年に報告している「高齢者の生活と意識に関する国際比較調査」では、「収入の伴う仕事をしたい（続けたい）」かという問いに対して、日本の60～64歳の68・7％、65～69歳の65・4％が就業を継続したいと回答しています。これは、アメリカ（60～64歳－62・0％、65～69歳－52・1％）や、ドイツ（60～64歳－50・0％、65～69歳－28・3％）、スウェーデン（60～64歳－60・4％、65～69歳－43・3％）と比べても高い数値となっており、我が国のシニアが働くことに対して旺盛な意欲を持っていることがわかります。

ただし、就業を継続したい理由を尋ねると、約半数が「収入がほしいから」（60～64歳－57・2％、65～69歳－48・7％）と回答しており、「仕事そのものが面白いから、自分の活力になるから」（60～64歳－11・6％、65～69歳－20・4％）を大きく上回っています。なお、ドイツやスウェーデンでは「収入がほしいから」（ドイツ：60～64歳－40・0％、65～69歳－30・0％、スウェーデン：60～64歳－28・2％、65～69歳－20・7％）という回答よりも、「仕事そのものが面白いから、自分の活力になるから」（ドイツ：60～64歳－43・5％、65～69歳－50・0％、スウェーデン：60～64歳－52・7％、65～69歳－54・3％）と回答する人が大きく上回っています。

シニア世代を対象とした社会保障（年金制度）などが異なるため一概に比較することはできませんが、それでも我が国のシニアは、経済的理由によって動機づけられていることがうかがえます。これ自体は決して悪いことではなく、誰もが生活していかなければならず、また年金の受給開始がかつてと比べて遅くなったことを考えると、至極当然といえます。問題は、働く動機が経済的理由であったとしても、仕事の面白さややりがいなど、シニアにとって意義ある理由をどの程度持つことができるかです。

本章では、シニアが持つ経験的な積み上げや知恵といった「年の功」をいかに活かして組織貢献につなげるか、またシニアが活き活きと働くための条件を考えてみましょう。

シニアの健康と体力

シニアの就業へのモチベーションの高まりを後押しするように、シニアの体力も昔と比べて向上していることが報告されています。読者の皆さんもお気づきのように、20～30年前の60歳といえば、かつて多くの会社が60歳を定年としていたことからもわかるように、年齢的な衰えが見えるのが当たり前でした。筆者が働く大学でも、教授といえば「お年を召された博学な方」というイメージが一般的でもありました。ところが最近の60歳を見ると、非常に若いことがわかります。大学でも、65歳の定年を迎えてなお、活き活きとしている方が多く見られます。

こうした肌感覚を裏付けるように、毎年スポーツ庁が実施している調査からも、最近のシニアが体力的に元気であることがわかっています。図表5－1は、握力や上体起こし、6分間歩行など複数の運動指標の合計値を、調査が始まった1998年から年代別に示したものです。これを見ると、例えば2018年時点での75～79歳男性の得点（35・51）は、

１９９８年時点での70～74歳男性の得点（34・57）を上回っています。さらに、２０１８年の70～74歳男性の得点（39・32）も、１９９８年の65～69歳男性の得点（37・69）を上回っています。つまり、現在のシニアは20年ほど前と比べて、５歳以上、体力的に若くなっていると解釈できます。

　モチベーションには、気力とそれを支える体力が不可欠です。シニアの旺盛なモチベーションの背景には、こうした体力の向上があると考えられます。

企業組織におけるシニアを巡る現状

シニアが元気で、就業に向かうモチベー

図表５－１　シニアの体力テスト得点の年次推移

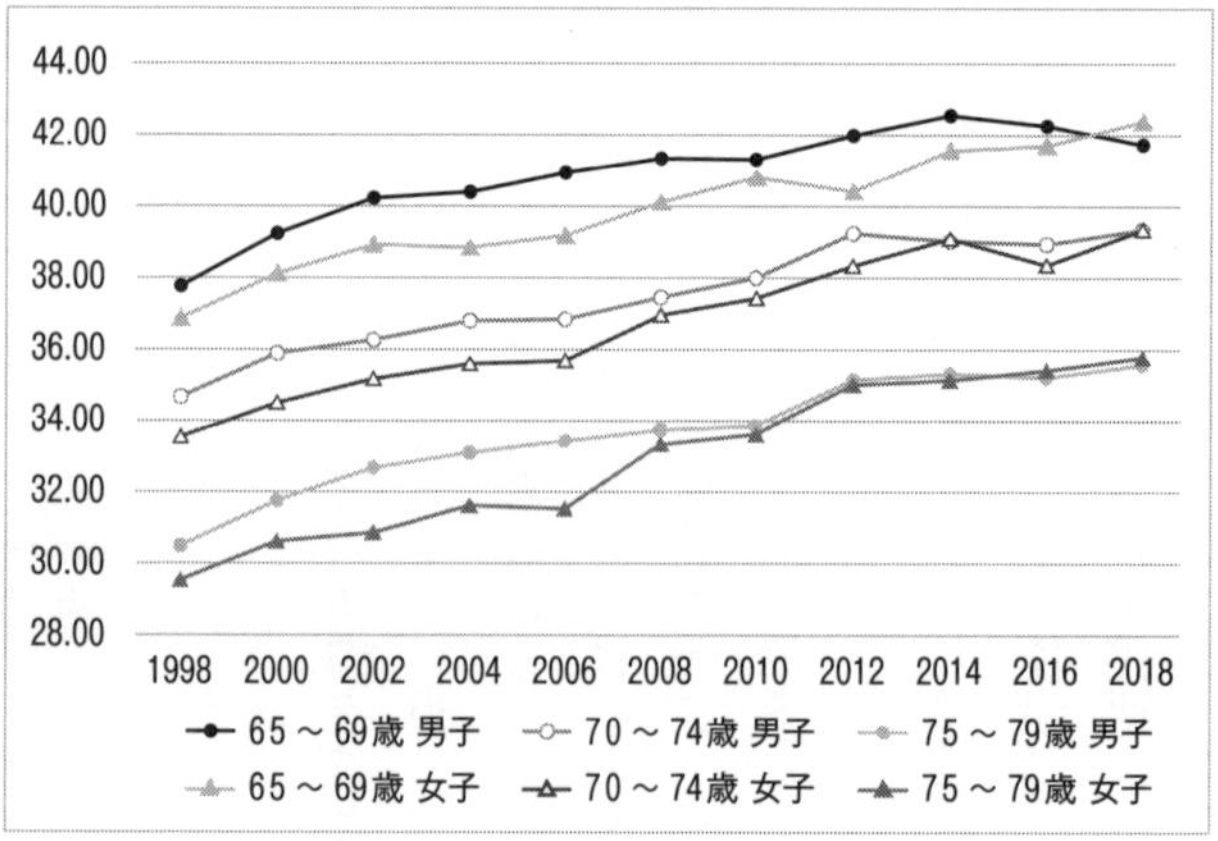

（出典:スポーツ庁（2019）を基に作成）

ションも旺盛であることを見てきましたが、働く現場の制度や環境はどうでしょうか。

２０１３年４月に「高年齢者等の雇用の安定等に関する法律」（高齢者雇用安定法）が施行され、60歳以降に65歳に到達するまで、企業には希望者全員の雇用を確保することが求められるようになりました。さらに、２０２０年３月には「改正高齢者雇用安定法」（いわゆる70歳定年法）が成立し、２０２１年の４月からは、従業員が希望した場合には70歳までの働く機会を確保することが努力義務となりました。こうした法改正とともに、働き方改革においてもシニアの活用が大きな柱として位置づけられ、シニアの働く環境が整えられつつあることは、彼らの潜在力を活かすうえで歓迎すべきことといえます。

ところが、シニアを現役世代と同等の貴重な人材として見るよりも、どちらかといえば雇用保障として制度を導入している企業が少なくありません。その背景には、加齢とともに能力やモチベーションが低下する、というエイジズム（年齢差別や高齢者差別）が関わっているようです。

はたして、加齢とともにモチベーションは減少するのでしょうか。シニアを貴重な人的資源と見なして活用するためには、エビデンス（データに基づく科学的根拠）に基づいてシニアの現状を理解する必要があります。

2　シニア活躍の可能性

シニアが組織で働くことは、不足した労働力を補うという消極的な目的にとどまるのでしょうか。シニアの潜在性を活かすことは、組織にとっても、一緒に働く人々にとっても大きな可能性を秘めています。

技術・知識の伝承と次世代の育成

シニアが組織で働く最も大きな意義は、長年の職務経験で積み重ねた仕事に関わる知恵や経験を、次の世代に伝承することです。高度経済成長期の時代であれば、仕事帰りに年配の社員が若手を連れて飲みに行く、いわゆる飲みニケーションによって、技術・知識の伝承がなされていました。ところが成果主義が取り入れられ始めた頃から、そうした年代を超えた交流や対話は少なくなり、加えて団塊の世代が大量に退職したことで、仕事に必要な技術・知識の伝承が十分になされなくなったといわれています。「年の功」で得た伝

える べき価値のある知識と知恵を、現役社員に引き継いでいくためにも、シニアが組織で働き続けることには意義があります。

このことは、シニアの働き方にとっても重要な意味を持ちます。神戸大学名誉教授である金井壽宏氏は、『働くひとのためのキャリア・デザイン』の中で、エリクソンの発達段階をもとに、ミドル（中年期、35歳～54歳）以降に求められる役割は「世代継承性」であると指摘しています。管理職であっても、プレーヤーであっても、中年期以降の働き方として、自分が積み上げた経験を次世代に伝えていくことの大切さを説いています。

組織が創業時から大切にしている強みや習慣など、次世代に脈々と受け継がれているものを「組織ＤＮＡ」と呼んだりします。創業から長年続いている組織ほど、経験豊富なシニアからミドルや若手に、技術や知識のみならず、組織としての強みを受け継がせていくことが求められているといえます。

ダイバーシティとしてのシニアの存在

昨今、組織においては「ダイバーシティ」が大きな関心を集めています。ダイバーシティとは、一般的にはそこで働く人材の「多様性」と称され、性別や年齢、人種、宗教、価値観などのさまざまな属性や個人特性を備えた人々が集まった状態を表すものとされています。ダイバーシティ研究が本格化したのは2000年以降になりますが、それ以前から、職場集団の多様性が、効果的な意志決定や創造的なアイディアの創出などに与える効果について、数多く検討されてきました。

ただし、ダイバーシティが持つ潜在的な可能性を実現することは容易ではありません。多くの研究によって、ダイバーシティが業績などのパフォーマンスにつながるか大規模に検討されていますが、現時点では両者の関係は必ずしも明確ではありません。言い方を変えると、ダイバーシティがパフォーマンスにつながるという報告もあれば、逆に職場のスタッフ間に葛藤を生じさせて悪影響を及ぼすという研究も多数存在しています。そうしたことから、ダイバーシティは、「諸刃の剣（a double-edge sword）」効果を持つともいわれています。

ダイバーシティは、性別や年齢、人種、国籍などの「表層的ダイバーシティ」と、価値観や専門性、知識などの違いからなる「深層的ダイバーシティ」に大きく分かれます。表層的ダイバーシティは、目に見えて違いがわかるため、職場の中に断層（フォルトライン）を作りやすく、複数のサブグループができることにつながり、かえって対人的な葛藤や軋轢を生みかねません。したがって、それらが生じないように、職場全体の一体感やまとまりを意識したマネジメントが求められます。

最近では、ダイバーシティに加えて、インクルーシブ（包摂性）という用語がセットで語られることが増えています。ダイバーシティという人と人との違いを意識するだけでは十分ではなく、それらの違いを踏まえたうえで、さらに全体性や一体感を生み出すことの重要性が認識され、これが強調されるようになったといえます。

我が国でダイバーシティといえば、女性や性的マイノリティについて話題にされることが多いようですが、職場の中にシニアが多数加わることも、スタッフ内に多様性を生み出すダイバーシティの推進につながるといえます。というのも、シニアには若年者やミドルとは違った視点からの意見やアイディア提供を期待することができ、これによりチーム全体の視野が広がる可能性を秘めているからです。皆さんも、経験のあるベテラン社員の意見で「なるほど」と思わされた経験がいくつもあると思います。

年齢による違いを、単に表層的ダイバーシティにとどめるのではなく、それを視点の違いや考え方、発想の違いを意味する深層的ダイバーシティにつなげて、職場全体に活力を生むようなマネジメントが求められています。

なお、シニアを組織の中で活用するようになると、どうしても「年下の上司」（管理職にとっては「年上の部下」）が存在することになり、お互いにやりづらさが生まれてしまいます。ましてや、そのシニアが以前管理職を担当していれば、なおさら年下の者は遠慮してしまいがちです。お互いに過度な遠慮をなくして、相互に尊重し合う関係を築くことも重要です。

3 シニアの能力とモチベーションの実態

パフォーマンスを説明するMARSモデル

我が国のシニアが働くことに対して旺盛なモチベーションを持っており、また雇用する企業にとってもシニアを活用することで多くのメリットがあることを理解しました。

実際のところ、シニアは組織に貢献し得るだけの能力と意欲（モチベーション）を持っているのでしょうか。第1章で紹介したローラーとポーターによるMARSモデルは、組織成員の職務行動やパフォーマンスを説明する要因として、モチベーションと能力、そして役割認識が関わっているとし、成員の効果的な職務行動やパフォーマンスには、旺盛なモチベーションとともに、職務を遂行するうえで必要とされる知識やスキルなどの能力、あわせて成員自身が担う役割とその意義を適切に理解する役割認識が重要であることを示しています。

このモデルに従い、シニアの能力とモチベーションが加齢に伴ってどのように変化するのか、高齢者心理や老年学などの知見も踏まえながら理解していきましょう。

知的能力

一般的に「知能」と呼ばれる知的能力は、仕事のみならず、生活全般に不可欠な能力です。知能については、大きく2つの思い込みがあるといえます。一つは、知能は遺伝的に受け継がれ、生まれながらに決まっている、というものです。もう一つは、知能は20歳ぐらいをピークとして年齢とともに衰えていくものである、という思い込みです。30代や40

代になって物忘れが多くなる、あるいは人の名前が喉まで出かかっているのに思い出せない（記憶研究では、舌先現象ともいう）という経験が、さらにその思い込みを強くさせているようです。

知能に関する研究は、1900年代初頭、就学が困難で特異性を抱えた子どもたちの知的能力を判断するために、フランスの心理学者であるビネーとシモンが初の知能検査を開発したことに始まります。そして現在に至るまで、さまざまな知能に関するモデルとそれを測定する検査が開発されています。ただし、知能はあくまでも各研究者が定義する能力であるため、モデルごとに共通する部分が多いとしても、研究者ごとにその捉え方は異なるといえます。

知能に関する数あるモデルの中でも、心理学者のキャッテルによる結晶性知能と流動性知能のモデルは、シニアの知能の年齢による変化をわかりやすく説明してくれます (Cattell, 1963)。

流動性知能とは、新しい環境や場面に適応するために必要な能力を指すものです。例えば、新しい情報を獲得して、それを処理し、操作していく知能です。具体的には、推論する力、思考力、記憶力、計算力などが挙げられます。情報処理能力ともいえます。他方、結晶性知能とは、長年の経験に基づいて、教育や学習などから獲得されていく知能です。言語能力、理解力、洞察力などが当てはまります。

前者の流動性知能は、10歳台後半から20歳台前半にピークを迎えたあと、低下の一途を辿ります。他方、後者の結晶性知能は、年齢とともに上昇して、高齢になっても安定していることをキャッテルは報告しています。このことから、私たちが思い込みを抱いている「知能」というものが、流動性知能を指していることがわかります。加えて、60歳を超えたシニアが若い人に負けず劣らず活躍している場合の源泉には、結晶性知能があると理解することができます。

知能が年齢とともにどのように変化するかについて知るには、長期的な検証が必要です。その貴重な研究の一つが、心理学者であり社会老年学者としても有名なシャイエとその研究チームによる「シアトル縦断研究」です。

彼らは、20歳以上の成人を対象に複数の知的能力の推移を調べました（図表5－2）。調査の結果、私たちの「20歳頃をピークに知能は低下する」という思い込みとは裏腹に、いずれの知的能力も20歳以降で急激に低下するものではないことがわかりました。特に「言語理解」は60歳台にピークを迎えますが、80歳頃まで緩やかに低下しているに過ぎないことがわかりました。また、加齢での低下が著しいと信じられてきた流動性知能（推論、空間認知、知覚速度、数的処理）も、60歳頃までは高い水準で維持されることがわかっています。

以上のことから、シニアの知能（結晶性知能のみならず流動性知能までも）が、ミドルで活躍する人と比べてもほとんど遜色がない高い水準であることがわかります。

シニアのワーク・モチベーション

先に、我が国のシニアの就業へのモチベーションは国際的に見ても高いことを確認しました。ただし、このモチベーションは、働く

図表5－2　加齢と知能

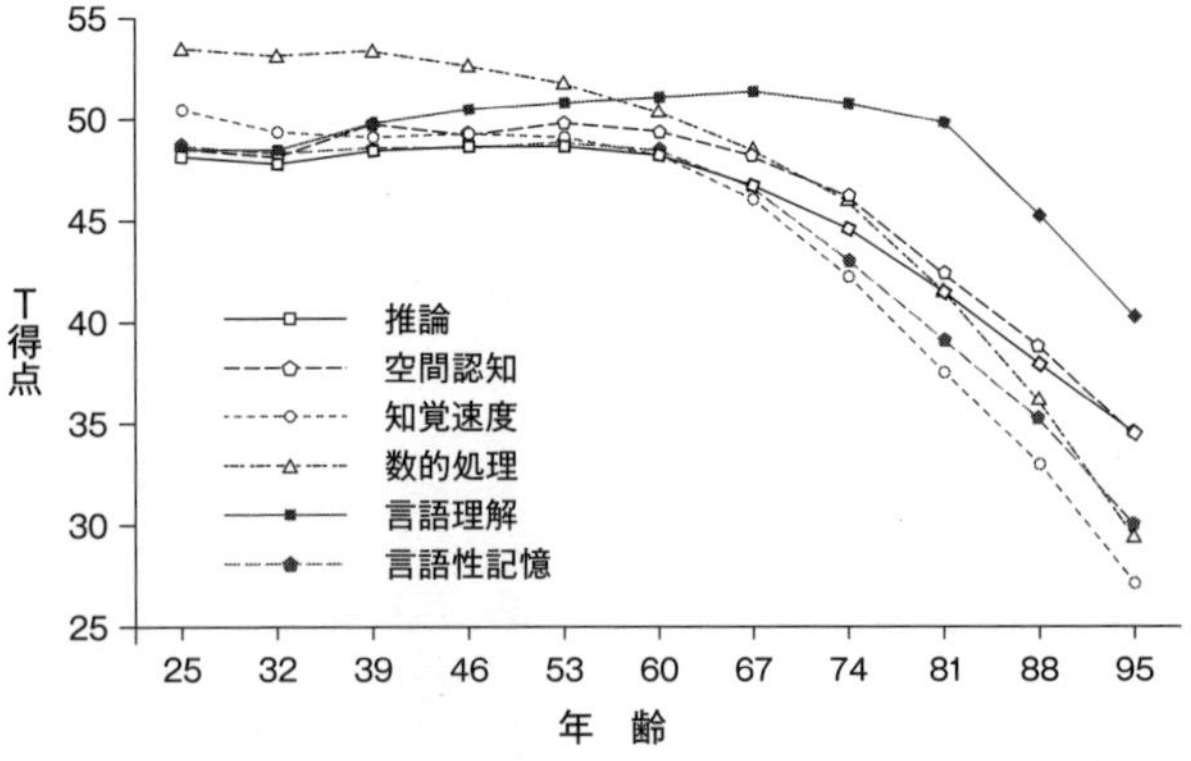

（出典：Schaie（2013）を基に作成）

ことや働き続けることに関するものであり、実際に、組織の中で与えられた職務にどれだけひたむきに取り組むかを意味する「ワーク・モチベーション」が高いとは限りません。はたして、シニアのワーク・モチベーションは、若手やミドルと比べてどの程度のものなのでしょうか。

シニアが抱くモチベーションを理解する際に、産業・組織心理学者ラルフ・カンファーは3つのモチベーションを理解する必要があることを説いています。1つ目は、就業へのモチベーション（motivation to work）です。これは、定年を迎えたあとでの就業（転職や再雇用など）に向かうモチベーションです。我が国のシニアは、これが非常に高いことを本章1節で理解しました。

2つ目は、職務遂行へのモチベーション（motivation at work）です。これはワーク・モチベーションといわれるもので、組織で働いている人々が自らの職務に対し、どの程度意欲的に働いているかということです。ほとんどのモチベーション論は、これを扱っています。

そして最後の3つ目は、退職へのモチベーション（motivation to retire）です。これは、定年や退職を意識するようになったときの、仕事を辞めることに向かうモチベーションともいえます。五十代も半ばを過ぎると、どうしても退職を意識するようになるのはやむを得ません。しかし、この退職へのモチベーションが高くなると、それと連動して、職務遂行に関わるワーク・モチベーションが低下してしまうことが多くのケースで見られています。「もう定年まで間もないから」とか「先の長い若い人で頑張ってくれ」などと発言したり、また企業が危機的状況で変革が迫られているときにも、「どうせ自分は先が長くないから」などといって変革の抵抗勢力になることすらあります。

ただし、ワーク・モチベーションと退職へのモチベーションは、それぞれを両立させることが可能だとわかっています。退職を意識しながらも、目の前の仕事や組織の将来を意識して高いモチベーションで仕事に取り組むことができるよう、シニア本人はもちろん、管理職がシニアのモチベーションをマネジメントすることが重要です。

実際のところ、ワーク・モチベーションは年齢とともに低下するのでしょうか。図表5－3は、組織で働いている1049名（非管理職者）を対象に調査をした結果です。これを見ると、業績を上げることや目標の達成などを目指す「達成志向モチベーション」は、年齢とともに低下するどころか、むしろ向上しています。また新たに学習することへの意欲などを表す「学習志向モチベーション」は、一般的に年齢とともに低下すると見られていますが、このデータからは特に年代による変化は読み取れません。これらの知見から、シニアは現役世代と比して必ずしもモチベーションが減衰するとはいえません。

しかし、多くの研究で指摘されているのは、若手やミドルに比べて、シニアのほうがモチベーションなどの個人差が大きくなるということです。つまり、シニアにはモチベーションが高い人もいれば低い人もいて、かなりバラツキがあるということです。皆さんの職場でも、定年間際になっても一生懸命に働く人もいれば、そうではない人もいるでしょう。それには、こうした個人差の大きさが関わっているといえます。

図表5-3　加齢とモチベーション

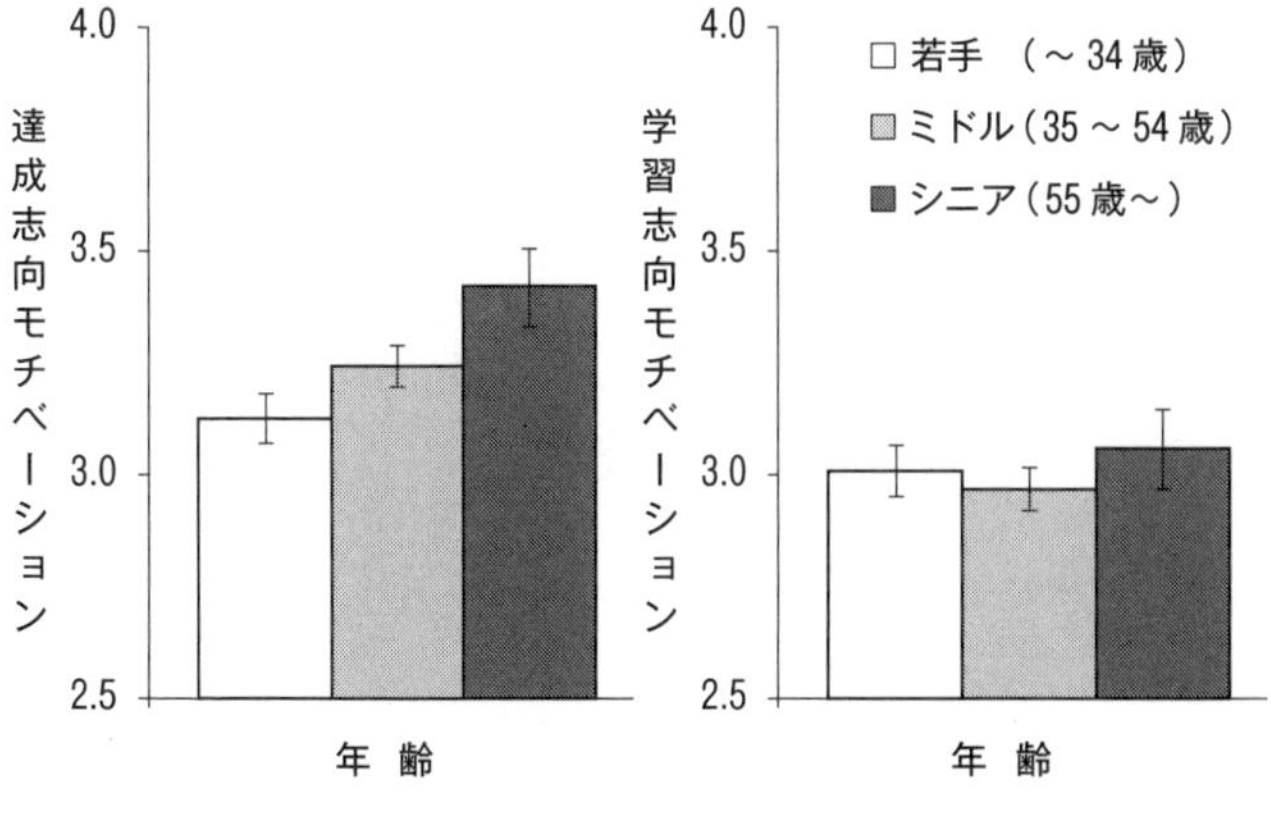

4　シニアがモチベーション高く働くために

　ここまで見てきた通り、シニアが働くことは企業にとっても多くのメリットを秘めています。また、シニアが仕事に取り組むモチベーションについても、一般的に考えられているような加齢による低下はありません。しかし、モチベーションや成果、仕事に対する態度の個人差が大きいことや、新しい知識や技術を学ぶことに対する後ろ向きな態度の人が見受けられがちなことは、シニアのモチベーションを削ぐさまざまな要因が存在することを示しています。すなわち、シニアが活き活きと働くためには、克服すべき「3つの壁」があるといえます。

人事制度の壁

　1つ目の壁は、人事制度です。すでに述べたように、近年の法律改正を受け、多くの企業がシニアを対象とした人事制度を検討し、また改定しています。65歳までの継続雇用や再雇用の制度はもちろんのこと、労働時間の短縮や勤務時間の弾力化、またシニアの意欲や成果を評価するような賃金制度の検討も重ねられています。

その一方で、雇用継続はあるものの、定年時に賃金が大幅に引き下げられるケースも存在します。

問題は、シニアの雇用を巡る各種の制度が、彼らのモチベーションを削ぐ要因となっていないかということです。例えば、多くの企業で定年時に賃金が大幅に引き下げられていますが、これは、産業・組織心理学の観点から見ると、大きな2つの問題を抱えています。

1つ目の問題は、「衡平理論」と呼ばれるものです。衡平とは、釣り合いがとれていることを表す言葉ですが、社会心理学者のアダムスによる衡平理論では、組織のスタッフは、ある課題に投じた貢献（モチベーションや成果）とそれによって得られた結果（評価や処遇、賃金）の比を見積もります（Adams, 1965）。そして、同僚と比較してその比が同じ、つまり衡平であると認知すれば、その後も課題への貢献（ワーク・モチベーション）を維持します。

しかし、同僚と比較して貢献と結果との比が不均衡であれば、緊張状態が生まれ、それを解消しようと動機づけられます。例えば、貢献に対して得られた結果が少ない不均衡状態（過剰な貢献）であれば、貢献する量を減らして（手抜きなど）均衡状態を取り戻そうとします。

また、貢献と結果の比の見積もりは、同僚との比較だけでなく、当然、自分自身の過去とも比較されます。以前と同じ仕事を任されているにもかかわらず、定年を迎えただけで賃金が大幅に引き下げられるのであれば、貢献と結果の比のバランスをとろうと、仕事に対するモチベーションを抑制するようになってしまいます。

2つ目の問題は、評価や処遇が少なくなることは、自分が組織にとって必要な存在であるという「組織内自尊心」を低下させる可能性がある、ということです。この組織内自尊心は、第2章でも見たように自己価値を充足させてワーク・モチベーションを生み出す要因でした。さらに、筆者が行ったシニアを対象とした調査から、特に55歳以上のシニアでは、この組織内自尊心がモチベーションを高めるために大きな効果を持つこともわかっています。

これら2つの問題を克服することは容易ではありませんが、賃金に加えて、シニアに対する期待や敬意、また労いなどの精神的報酬なども必要です。

シニアに向けられたエイジズムの壁

２つ目の壁は、シニアに向けられたステレオタイプや偏見としての「エイジズム」(ageism）です。

社会心理学の領域では、ある特定の集団に所属している人々に対して紋切り型に見ることをステレオタイプと呼びます。例えば、「関西人は面白い」「南米の人はサッカーが上手」などは、その典型例です。これには肯定的なものだけではなく、否定的な内容もあり、これを特に偏見と呼びます。

アメリカ国立加齢研究所の所長であった老年医学者のバトラーは、「ある年齢集団が他の年齢集団にもつ偏見」を「エイジズム」とし、アリゾナ大学ウィルキンソンらは「老化が人々をより非魅力的で、より非性的で、より非生産的にするという信念に基づいた、高齢者に対する偏見と差別」と説明しています（Wilkinson & Ferraro, 2004)。

こうしたエイジズムは、日本の企業にも根強く蔓延っています。例えば、シニアに対する「仕事が遅い」「年上だとコミュニケーションがとりづらい」「扱いづらい」という偏見は、多くの職場で見受けられます。また、中途採用の現場で年齢的な制限を設けているのも、根底にはエイジズムが潜んでいる可能性があります。

こういった偏見に対し、現実はどうでしょうか。もちろん、シニアの意欲と能力には個人差がありますが、情緒的に安定して、知恵があり、広い視野で物事を判断できるシニアも大勢います。

組織の現場では、若手やミドルなどの現役社員が、こうしたエイジズムによってシニアを紋切り型に見ることがないようにするための研修や取り組みが必要です。同時に、シニア自身が加齢に対する思い込みを克服することも重要です。

心理的障壁という内なる壁

最後の壁は、シニア自身の内なる壁です。これを筆者は「心理的障壁」と呼んでいます。シニアのモチベーションは、現役世代と比べても遜色ないことを確認しましたが、高齢者心理学や老年学の知見からは、シニア（高齢者）固有の特徴が見えてきます。

その一つに、高齢者になると、新しい経験や学習するべきことを避けて、慣れ親しんだ既知の経験や安定した人間関係を選択するようになることがあります。これは、スタンフォード大学のカーステンセンによる「社会情緒的選択性理論」と呼ばれるもので、時間が限られたものとして知覚される高齢者は、情動的な満足を追い求めるように動機づけられるというものです。

新しく仕事を覚えることや、新しい技術を習得する学習には、失敗や時間を要するなどのストレス、不安などのネガティブ感情が伴います。また、定年を期にこれまでとは異なるまったく別の企業で働くことは、必然的に新しい人間関係を築くことを要請するため、少なくないストレスを抱えます。そのため、そうしたストレスフルな出来事を避けて、なるべく情緒的な安定や満足を感じられる既存の仕事や人間関係を好む傾向があるというのです。

こうした心理的な特徴を踏まえると、シニアには既有知識や技術を適応できる仕事を任せるほうがよい、という話になりがちです。しかし、こうした心理的特徴にも個人差があります。こういった特徴が強く見られるシニアは、新しいことを学ぶことに対して、無意識に「心理的障壁」を築いてしまっているのではないでしょうか。

この心理的障壁とは「十分な能力を保有しているにもかかわらず、困難あるいは新規な課題に取り組むことに苦手意識を持つこと」と定義することができます。そして、筆者が行った調査によって、シニアのなかでも心理的障壁の程度には個人差があり、心理的障壁が低いほど、新しいことを学ぶ学習モチベーションが高いことがわかっています。

つまり、シニア自身が心理的障壁という内なる壁を克服し、組織が要請する新しい仕事にチャレンジする意欲を持つことが期待されます。

本章のポイント

■シニアの活躍がますます期待されている。

■シニアの就業に対するモチベーションは旺盛で、体力も20年前と比べて5歳ほど若くなっている。

■モチベーションは加齢とともに低下するわけではなく、むしろ仕事達成へのモチベーションは若い人よりもシニアのほうが高い傾向にある。

■シニアが活躍するためには、シニア自身が自らの心理的障壁を克服することが鍵となる。

第6章

チームのモチベーションを高める方法

1 チームで働く意義

昨今、多くの組織でチーム制が導入されています。

企業では、新商品開発など特定のプロジェクトを迅速かつ創造的に行うために、部門を越えてメンバー（従業員）が集まり、プロジェクトチームを組んで業務に取り組んでいます。また、医療現場においても、外科医や麻酔科医など他職種からなる手術チームのみならず、医師、看護師、薬剤師、リハビリ担当者、ソーシャルワーカー、栄養士、検査技師、看護助手など、さまざまな職種のスタッフが、それぞれの役割を果たしながら患者の治療にあたるチーム医療が主流となりつつあります。

それだけでなく、組織においてもお互いの協力連携を促す目的から、従来の部署や課と呼ばれる職場集団をあらためて、職場をワーキングチームとして運用しているところも少なくありません。

なぜこれほどチームに関心が集まるようになったのでしょうか。

大きな成果はチームから生まれる

我が国では古くから「三人寄れば文殊の知恵」ということわざが言い伝えられてきました。たとえ凡人であったとしても、3人集まれば優れた知恵を生み出すことができ、適切な判断ができるというものです。

実際、多くの仕事は1人で完遂できるわけでなく、多かれ少なかれ同僚や上司の協力・連携を必要とします。それだけでなく、集団やチームで仕事をすることで、効率的に進められたり、また同僚の考えに着想を得て、自分だけでは思いつかない優れた考えが浮かぶこともあります。

昨今、グローバル化が進展して、企業間の競争もいっそう激しさを増しています。そうした変化にも柔軟に適応し、創造性を発揮して大きな成果を収めるためには、多様な専門性や知識を備えたメンバーからなるチームのほうが適しているといえます。

行き過ぎた「個人志向」からの反動

本来、我が国は集団主義文化と呼ばれるように、強制されなくとも、自然と協力したり、助け合う習慣を持っていました。かつて放送されていたテレビ番組では、さまざまな企業のプロジェクト達成までを追うなかで、国の威信をかけて働く人々が高質なチームワークを発揮して、大きな仕事を成し遂げる様子が描かれていました。そうした協力し合う文化的背景が我が国の高度経済成長を支えてきました。

しかし、1990年代の後半から、バブル崩壊による業績の悪化に伴って、多くの企業が成果主義を導入するようになりました。多くの企業が業績不振に陥るなかで、働く一人ひとりが成果を上げることが強く求められるようになったのです。当時は、年功主義と呼ばれる人事制度が広く定着していたので、これは大きな変化といえます。

ところが、成果主義が導入されたことで、働く人々は自分の成果を上げることに強い関心を向けるようになり、それまでは年功主義の下で雇用への安心感と企業への愛着や忠誠心から自然発生的に見られていた自発的な同僚への協力や若手の育成などが陰を潜めるようになります。結果として、内向きかつ個人志向に傾くようになり、他者との関わりや周囲との協力が疎かになっていきました。我が国が得意としたチームワークが失われてしまったといえます。

こうした反省を踏まえつつ、また昨今の組織環境の変化に適応するために、あらためてチームで働くことの重要性が見直されています。

2 チームの効果性とモチベーション

チームでは、複数のメンバーによる複雑でダイナミックな相互作用を経て、最終的な成果を上げていきます。チームで活動する際に、モチベーションがいつ（when）、どのように（how）必要になるかを明確に位置づけながら理解するために、チーム研究を代表する2つのモデルをもとに考えていきましょう。

①チームの成果を説明する チーム効果性モデル

チームにおける各メンバーの行動から始まり、チーム成果に至るまでの要因とプロセスを包括的に整理したのが「チーム効果性モデル」です（図表6－1）。このモデルは、チーム効果性を「入力（input）－プロセス（process）－出力（output）」によって示すもので、通称ＩＰＯモデルとして知られています。ここでの「入力」とは、チームにおいて成果に至るまでのさまざまな活動を示す

図表6－1　チーム効果性モデル（IPOモデル）

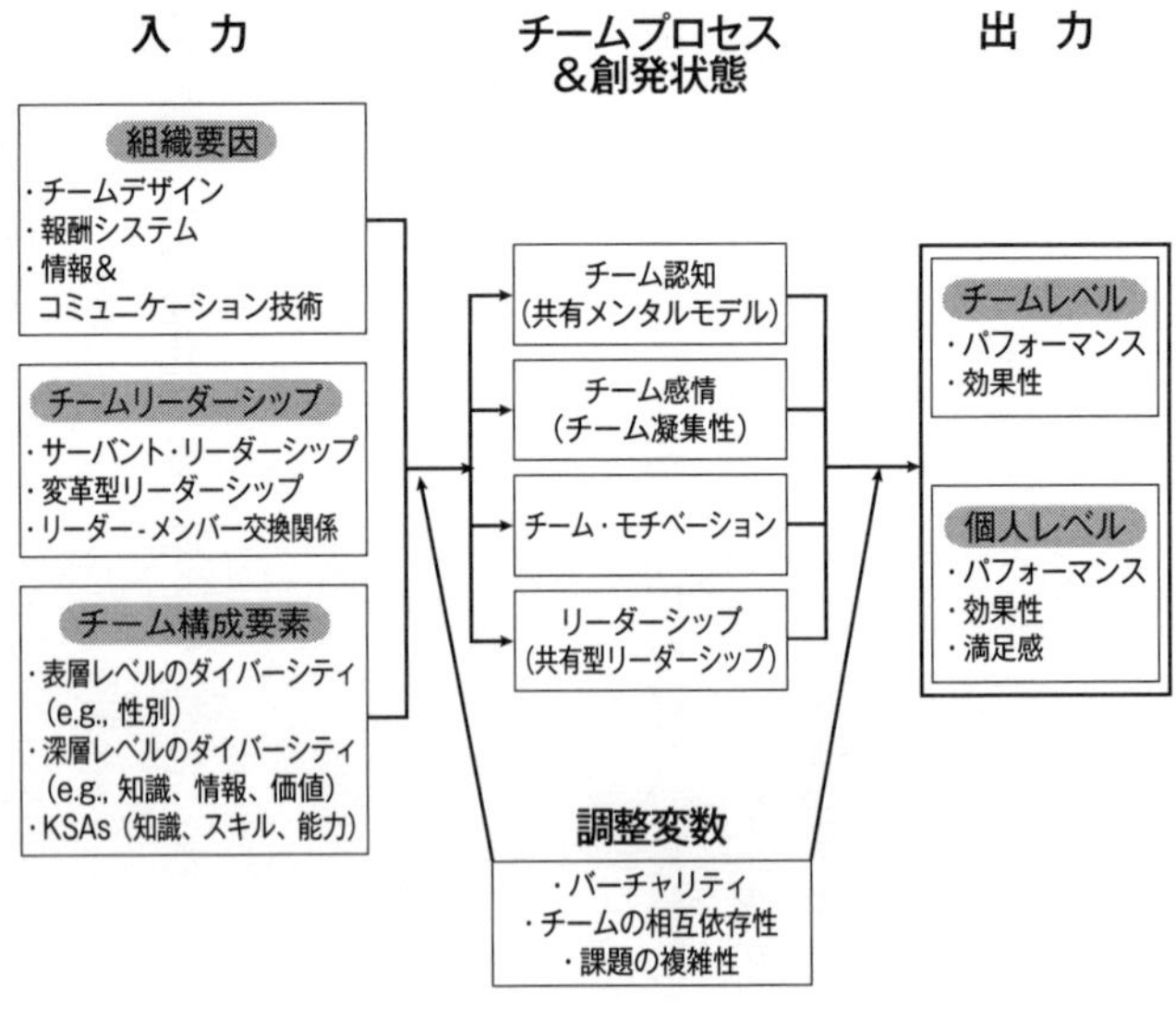

（出典:Dulebohn & Hoch（2017）を基に一部修正）

チームプロセスに影響を与えるチーム内外の変数のことを指します。

その代表的な変数が、「チームの構成要素」です。まず、チームの成果に不可欠なものが「ＫＳＡｓ」と呼ばれ、各メンバーの知識（Knowledge）、スキル（Skill）、能力（Ability）を指します。

このほか、チームのメンバーの「ダイバーシティ（多様性）」もチームの潜在的な能力につながる重要な変数です。一般的に、ダイバーシティは組織やチームに活力を与え、成果につながると信じられていますが、ダイバーシティ研究では必ずしもそうとはいえない、というのが現時点での結論です。

というのも、メンバーの人種や性別などの多様性を表す表層的ダイバーシティは、しばしば対人的な軋轢や情緒的なもつれなどの関係葛藤を引き起こします。例えば、表層的ダイバーシティによるカテゴリー（男性と女性、シニアと若手、白人と黒人など）が、ある種の断層（フォルトライン）を生み出してしまい、対人的な壁を作ることがあります。

一方で、知識や価値観などの多様性を表す深層的なダイバーシティであれば、仕事に関する意見のぶつけ合いなどの課題葛藤をもたらし、これはチームの創造性やイノベーションの源泉になる可能性をはらみます。

次の入力変数は「チームリーダーシップ」です。チームの公式的なリーダーがチームに対して働きかける影響力が、その後のチームにおけるさまざまな活動（チームプロセス）や成果に影響を与えていきます。

最後は「組織要因」です。これは、チームを支える環境としてのチームデザイン（メンバー構成など）や、報酬システム、情報とコミュニケーションを行う技術・ツールを指します。

これらの入力の変数が、チームプロセスに影響を及ぼすとともに、チームという場に共有された創発性を生み出します。その結果、メンバー同士が知識や態度、チームの方針や手続きなどのメンタルモデルを共有することになります。これにより、メンバー同士が逐一コミュニケーションをとらなくとも、あ・うんの呼吸で協力や連携が行えるようになります。

また、チームにおけるポジティブ感情を共有することで、メンバー同士の一体感（チーム凝集性）が生まれます。さらに、入力段階における公式的なリーダーによる働きかけによってメンバーの主体性が生まれると、相互に影響を及ぼし合う「共有型リーダーシップ」が創発されます。なお、チーム・モチベーションについては、後述します。
　これらのチームプロセスを経ることが、最終的にチームの成果につながるのです。

②チームワーク・モデル

　チームプロセスでは、チームワークともいえるメンバー同士の協力や連携が行われます。これをわかりやすく示したのが、産業・組織心理学者であるディッキンソンやマッキンタイヤーらによる「チームワーク・モデル」です（図表6－2）。

　このモデルでは、入力変数として、メンバー同士がチーム全体に意識を向ける「チー

図表6－2　チームワーク・モデル

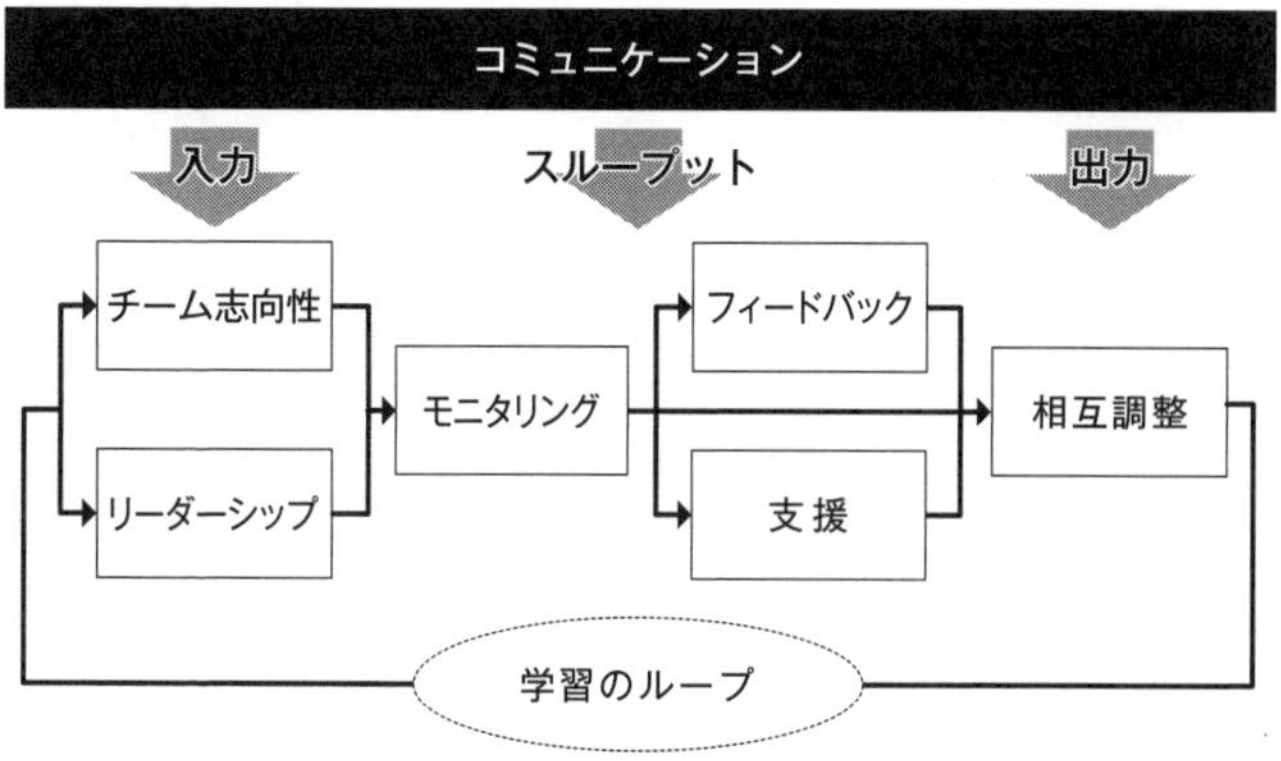

（出典：Dickinson, McIntyre, Ruggeberg, Yanushefski, Hamill, & Vick（1992））

ム志向性」と、公式的なリーダーによる「リーダーシップ」があるとされます。その後、メンバーが他のメンバーやチーム全体の職務遂行の様子や進捗状況を確認する「モニタリング」がなされます。そして、必要に応じて他のメンバーを「支援」したり、進捗状況を伝える「フィードバック」が行われます。同時に、メンバー同士が相互にタイミングを合わせながら協力や連携を行う「相互調整」がなされ、それらの結果がまた入力段階に影響していきます。

なお、こうしたチームワークのプロセスにおいては、すべての段階においてメンバー同士の「コミュニケーション」が不可欠であることを示しています。

チームに求められる2つのモチベーション

以上の2つのモデルが示すように、チームでは異なる知識や情報、能力を持つメンバー同士が、チームの目標達成に向けて相互に連携しながら活動を進めていきます。これらのプロセスにおいて、モチベーションがいつ、どのように関わってくるか整理しておきましょう。

まず、チームの効果性モデルの入力段階に見られるように、チームの活動を支えるのは「メンバー個人のモチベーション」です。ただし、個人で働く際には、第1章で紹介した多側面モチベーションモデルのうち、達成志向モチベーションが中心的な役割を持っていましたが、チーム活動ではこれに加えて、お互いに協力しようとする「協力志向モチベーション」が求められます。この協力志向モチベーションは、チームワークを向上させ、仕事を円滑に行うためのメンバー一人ひとりのモチベーションにもなります。

各メンバーのこれら2つのモチベーションが十分に発揮されたうえでチーム活動がなされると、チームプロセス段階では、チーム・モチベーションともいえる状態が創発していきます。

3 チーム・モチベーションの落とし穴

ところが、いざ複数の人々（メンバー）を集めてチームを結成してみても、うまく機能しないことも多く、成果を出すことが簡単でないことは、社会心理学の多くの研究が教えてくれています。言い換えると、単にチームで活動しさえすれば、皆が力を発揮して大きな成果を出すことができる、というわけではなく、適切にチームをマネジメントしなければ、かえって成果を下げてしまうということです。場合によっては、個人で取り組んだほうがよいということも起こり得ます。

どうすれば多様なメンバーからなるチームが潜在的な力を発揮して、高質なチームワークを引き出し、それを成果に結びつけられるのでしょうか。それを左右するのが「チーム・モチベーション」といっても過言ではありません。本節では、チームにおけるモチベーションの落とし穴とそのメカニズムを適切に理解しながら、チーム・モチベーションを高める方法について考えていきます。

チームの生産性モデルから見るモチベーション

チームにおけるモチベーションの重要性や落とし穴を理解するうえで、まずアメリカの社会心理学者スタイナーによる「チームの生産性モデル」を紹介しましょう（図表6－3）。

このモデルでは、チームの生産性は、取り組む課題（職務）に必要な資源（知識や能力、

図表6-3　チームの生産性モデル

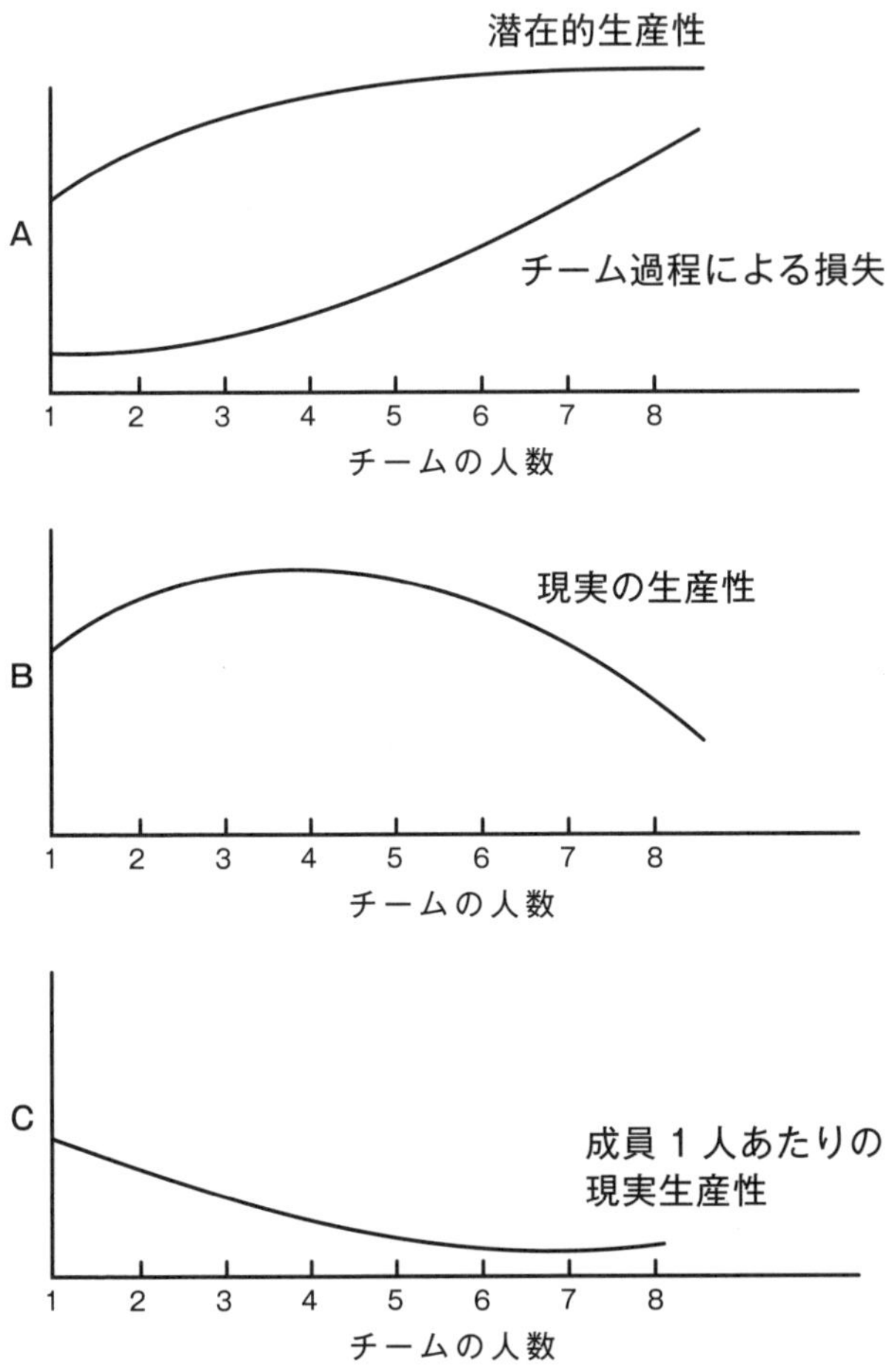

集団のサイズと，潜在的生産性および集団過程損失（A），
現実の生産性（B），そして成員1人あたりの現実生産性（C）

(出典:Stenier, 1972)

経験など）がチームに十分に備わっており、なおかつ、その資源が適切に組み合わされたときに、チームは最高水準の生産性を出すとしています。

これをチームで取り組むプロジェクトで考えてみると、そのプロジェクトが成功を収めるためには、必要な知識や経験、専門性、能力などを備えた多様性のあるメンバーがいること、そしてチーム内でそれらの資源を十分に活かす高質なチームワークが存在することが必要だと理解することができます。こうした条件が整うことで得られる生産性を「潜在的生産性」と呼びます。理論的には、チームメンバーが増えると潜在的生産性が上がりますが、人数が一定数を超えると、上げ幅は緩やかになります。

しかし、現実の生産性は、期待するほどうまく上がりません。それは、チームの活動において何かしらの損失（ロス）が生じるからです。これを「チーム過程による損失」（プロセス・ロス）と呼びます。図表6－3のAが示す通り、このプロセス・ロスはメンバーの数が増えるほど増加します。そして現実のチームの生産性は、先の潜在的生産性からチーム過程による損失を引いた水準となります。

チーム過程における損失（プロセス・ロス）

チーム過程における損失（プロセス・ロス）は、大きく2つから構成されています。

①調整のロス

1つ目は、「調整のロス」と呼ばれるものです。つまり、チームで働くメンバー同士がお互いにやりとりを行う際に、人数が増えるほど調整がうまくいかなくなり、結果としてチームの潜在力を十分に発揮できなくなるというロスが発生してしまうことです。これに対応するには、チームが取り組む課題（職務）に最適な人数を設定するとともに、チーム活動において相互に適切な支援や協力を行う工夫が必要になります。

例えばチームで議論をする際、人数が増えると、どうしても発言の機会が失われたり、また発言しようとしてもほかのメンバーが発言しているためタイミングを逸してしまうことが起こります。こうした調整ロスを防ぐためには、発言に関してルール作りをする、チャットやメールなどの発言がブロックされない電子的ツールを活用するなどの対策が有効です。

②モチベーション・ロス

悩ましいのは、もう1つのロスです。これは「モチベーション・ロス」と呼ばれ、チームや集団で課題に取り組むときに、メンバーの数が増えれば増えるほど、1人あたりの作業量が減少することを指します。

例えば仕事で何か新しい提案を考える際に、1人であれば必死になって考えざるを得ませんが、複数のメンバーからなるプロジェクトチームで話し合いをすると、ほかの人が提案するアイディアに甘えてしまい、あまり必死に考えない人が出てくることもあるでしょう。また、職場全体で売上の目標達成を目指している際に、あるメンバーがそれに大きく貢献していると、他のメンバーは、それほど一生懸命に頑張ろうとしないことも同様のメカニズムから起こる現象です。

社会心理学者のビフ・ラタネとジョン・ダーリーらは、モチベーション・ロスの現象を「社会的手抜き」として、それが発生する心理的な原因を解明しています。

彼らは、実験の参加者に「大声を出す」あるいは「手をたたいて大きな音を出す」といった課題を、集団のメンバーの数を増やしながら与えました。しかし実際には、実験参加者は1人だけで、ほかのメンバーは別室にいると思わされているだけです。すると、図

表6－4に示されるように、集団のサイズが大きくなればなるほど、1人あたりの音圧が低下することがわかりました。すなわち、チームにおいては、1つの課題に従事する人数が増えるほど、メンバーは手を抜くことが明らかになったのです。この現象は、多くの人が経験したことがあるように、非常に再現性のある頑健な現象といえます。

なぜチームでモチベーション・ロスが起きてしまうのか

チームや集団では、このようにモチベーション・ロスと呼ばれる手抜きが発生する可能性がありますが、もちろんそれが常に起こ

図表6－4　社会的手抜き実験

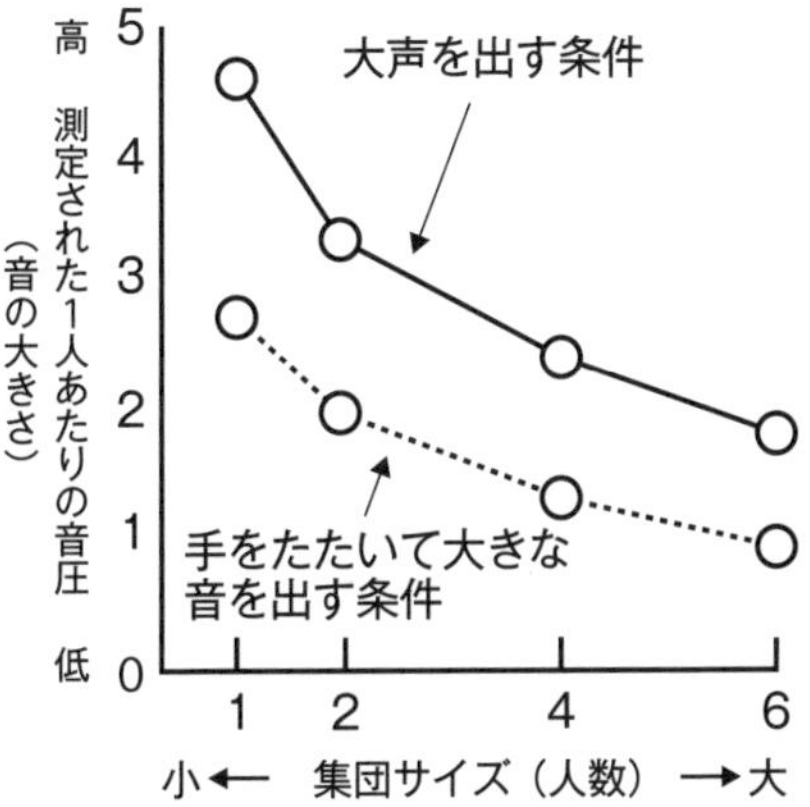

（出典：Latané, B., Williams, K., & Harkins, S.（1979）を基に作成）

るというわけではありません。モチベーション・ロスが起こる状況や条件があるのです。チームのモチベーションを引き出すためには、こうした心理的落とし穴を生み出す条件を理解し、しっかり対応する必要があります。

①責任性の拡散

手抜きを生じさせる原因の一つは、「責任性の拡散」と呼ばれるものです。これは、チームの人数が増えれば増えるほど、1人あたりの責任が小さくなると考える心理的な状態を指します。責任が小さければ、一生懸命頑張って成果を上げようとするモチベーションも小さくなってしまいます。

②評価可能性の欠如

また、評価可能性が欠如した状態も手抜きを生みます。これは、チームにおいて一人ひとりの匿名性が高く、誰がどのように成果に貢献したかが不透明な状況を指します。こうした状況だと、ほかの人の頑張りに便乗する「フリーライダー（ただ乗り）」も生まれやすくなります。

③課題の重要性や魅力が低い

そのほかにも、課題の重要性や魅力が低いときにモチベーション・ロスが生じます。ルーティンな課題や、さして意義が感じられにくい仕事ほど、何とかやり過ごそうという心理が出てくるものです。

モチベーション・ロスを克服する条件

一方で、モチベーション・ロスを克服する条件も明らかにされています。

モチベーション・ロスを防ぎ、チームのモチベーションを高める条件の鍵となるのが、「課題の意義や価値」です。メンバーが課題を重要と捉え、魅力を感じ、かつ自分自身との関連性を強く感じられると、チーム全体の一体感が高まり、その課題にコミットするようになります。

また、チームとしての目標を設定することも、モチベーション・ロスを防ぎ、チーム全体のモチベーションを高めるために有効です。第2章において、目標を設定することがモチベーションを喚起するために重要であることを紹介しました。この目標設定の効果は、個人で働く場合だけにとどまらず、チームとしての目標設定にも適用可能であることがわかっています。

例えば、ワシントン大学のミッチェルとシルバーは、チームメンバーが協力し合う相互依存性の高い課題においては、チーム目標（あるいは個人とチームの目標）を設定するチームほど、メンバー間に協力的な方略が採用され、高い成果につながることを明らかにしています。また、アーカンソー大学のオーレイリーらも、チーム（集団）の目標設定に関する従来の研究を対象としたメタ分析（多くの研究結果を統合する分析）の結果から、目標を設定しないチームよりも、明確で高い目標を持つチームのほうが、高い成果を出していることを明らかにしています。

チームとして目標を設定することは、チーム全体がその目標達成に向けて動機づけられるだけでなく、その目標を達成するためのプロセスとして、メンバー同士の協力や連携をより引き出す役割を持っているといえます。

4 チーム・モチベーションの促進

ここまで、チームで活動するとかえってモチベーションが低下するモチベーション・ロスとその克服について紹介しました。一方で、チームで活動することでモチベーションが高まる「モチベーション・ゲイン」も存在します。では、どのようなときにチームのメンバーのモチベーションは高まるのでしょうか。

特定メンバーのモチベーション・ゲイン

チームにおいて、特定のメンバーのモチベーションが高まる現象の一つに、「社会的補償効果」と呼ばれるものがあります。これは、チームの中に相対的に能力の低いメンバーがいるときに、能力の高いメンバーがその分を補おうと、よりモチベーションを高めて一生懸命に働く傾向が生まれることを意味します。

この社会的補償効果については、チームで取り組む課題の重要性が高いときほど、より能力の高いメンバーのモチベーションが喚起されることがわかっています。チームは相互に依存し合った関係であるため、互いに穴を埋め合おうとする意識が生まれるといえます。

ただし、「能力」が低いのではなく「意欲」が低い場合には、他のメンバーによるモチベーション・ゲインは生まれません。意欲が低い場合、他のメンバーから「手を抜いている」と見なされてしまうからです。

逆に、能力の高いメンバーと一緒に働いているときに、相対的に能力の低いメンバーほど一生懸命に働くというモチベーション・ゲインも生まれます。これを「ケーラー効果」といいます。能力の低いメンバーほど、チームの足を引っ張らないようにとコントロール可能なモチベーションを高めようとする心理が働くものといえます。

チーム・モチベーションを高める集合努力モデル

では、チーム全体のモチベーションを高めるためには、どのようにすればよいのでしょうか。その問いに答えるものが、南イリノイ大学のカラウとパデュー大学のウィリアムによる「集合努力モデル」と呼ばれるものです（図表6－5）（Karau & Williams, 2001）。

このモデルは、個人のモチベーションを説明するヴィクター・ブルームの「期待価値理論」に基づいています。この理論では、努力がパフォーマンスにつながると考える主観的な「期待」と、そのパフォーマンス（例えば業績達成など）が報酬などの成果の獲得に役立つと考える「道具性」、そしてその成果の好ましさや魅力、重要性、あるいは満足感としての「誘意性」の積で、個人のモチベーションを考えます。

例えば、職場の売上目標を達成するために、職場の課員一人ひとりに売上目標が付与されたとします。これを期待価値理論から考えると、頑張ればその目標が達成できるか（期待）、それを達成することでどのような報酬

図表６-５　集合努力モデル

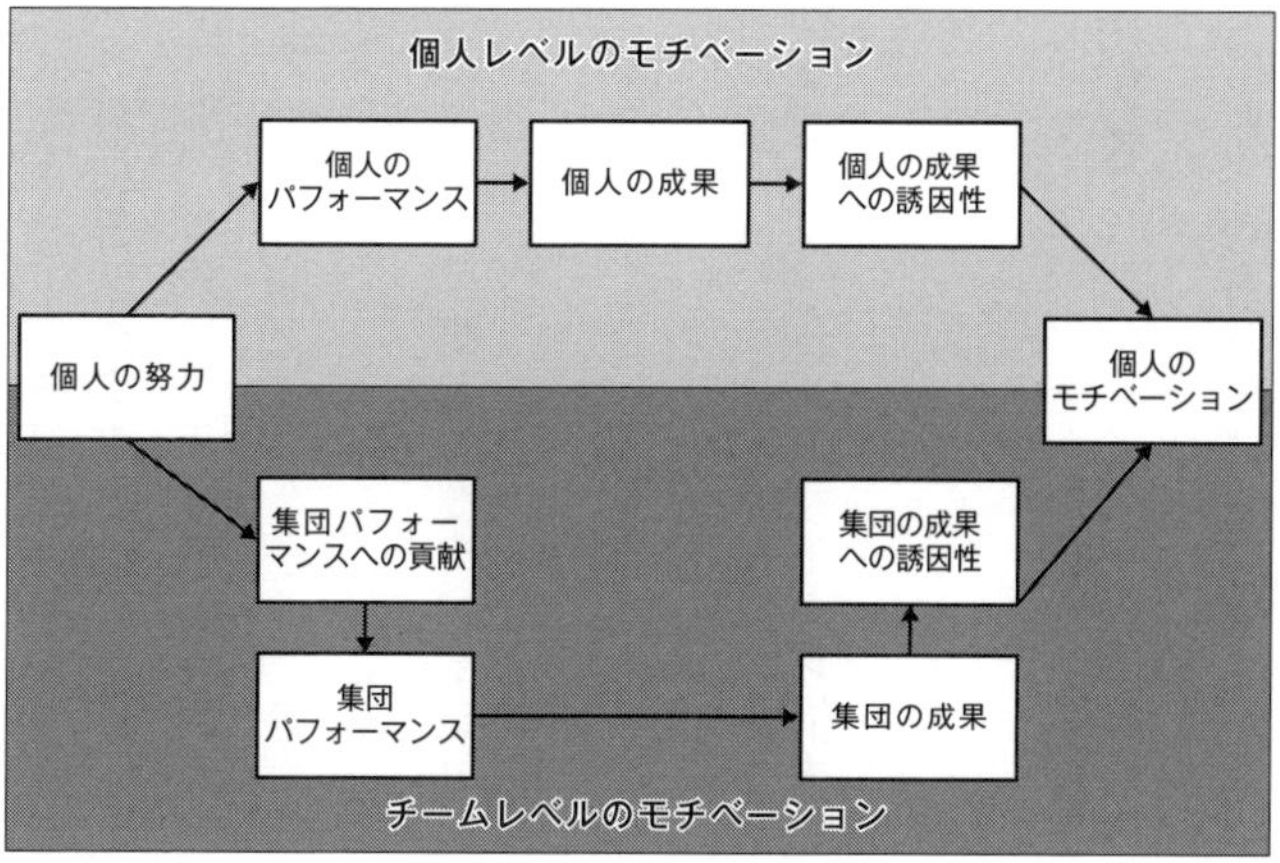

（出典：Karau, S. J., & Williams, K. D.（2001）を基に作成）

（ボーナスや昇進など）が期待できるか（道具性）、さらにはその報酬がどれくらい魅力的か（誘意性）を合理的に考えることで、モチベーションが左右されます。

この考え方をチームに拡張したのが集合努力モデルです。つまり、メンバー各個人の努力や頑張りがチーム（集団）パフォーマンスに貢献して、その向上につながると考えるか（期待）、そのチーム・パフォーマンスが集団の成果にどの程度結びつくのか（道具性）、そしてその集団の成果がどの程度魅力的か（誘因性）によって、個人のモチベーションが左右されるというものです。

言い換えると、チームメンバーとしての自分が一生懸命に働くことによってチームのパフォーマンスが向上すると考え、そしてその向上したチームのパフォーマンスによって魅力的な成果が得られるという認識がチームで共有されるときに、各メンバーから構成されるチームのモチベーションは高くなる、というものです。

チーム・モチベーションを引き上げる社会的不可欠性

近年、チームにおけるモチベーションのシナジー（相乗）効果について、研究が進められています。そこで注目されているのが、チームにおける「社会的不可欠性」という心理です。これは、メンバーが、「このチームには自らの存在が不可欠であり、チームに貢献する責任がある」と感じる心理のことです。

ドイツの産業・組織心理学者のハーテルとハフマイヤーらは、チームにおいてメンバーが感じる社会的不可欠性が、チーム全体のモチベーションを底上げする効果を持つことを一連の研究から明らかにしています。しかも、この心理は、チームのモチベーションを上げるうえで、時間的にも安定した効果を持つことが実証されています。

チームにおけるモチベーションの伝染

チームにおけるリーダーやメンバーのモチベーションは、他のメンバーに伝染していくと考えられています。そして、その伝染がさらに別のメンバーへの伝染につながり、チーム全体で均質のモチベーションを生み出していくと考えられます。モチベーションの伝染に関する研究はまだ途に就いたばかりですが、関連する研究は多くの示唆を与えてくれます。

例えば、モチベーションに近接する概念として「感情」がありますが、ペンシルベニア大学のシーガル・バーセイド教授は、チームにおいて感情は伝染し、それがパフォーマンスに影響を及ぼすことを実証しています。

この実験では、チームの中に、明るく振る舞うメンバーと、不愉快そうに振る舞うメンバーのいずれかを加え、チームがどのように変化するかを検討しました。これらのメンバーは演劇部の学生であり、あらかじめ実験者からどう振る舞うかを内密に指示されていました。その結果、上記のいずれかのメンバーの存在が、チームの雰囲気を大きく変えました。すなわち、明るく振る舞うメンバーのいるチームは雰囲気が明るくなり、優れたパフォーマンスを挙げました。対して、不愉快そうに振る舞うメンバーがいるチームは雰囲気が暗くなり、パフォーマンスも優れませんでした。チームの感情は他者に伝染するものだとした彼らの研究は、大きな注目を集めました。

こうした研究結果からも、チームにおいては、ある特定の人物のモチベーションが他のメンバーに伝染していくと予想されます。他者から他者に伝染することを「クロスオーバー効果」ともいいます。では、どのような人物のモチベーションがチームに影響するのでしょうか。

最も影響力のある人物は、チームリーダーです。リーダーの感情（情熱や明るさなど）がチームのメンバーに伝染して、それがチーム全体に浸透していくことが明らかになっています。そのリーダーの影響力は、メンバーを鼓舞する言動のような「意識レベル」もあれば、表情などの「非意識レベル」でもあります。メンバーはそうした意識あるいは非意識なメッセージを受け取り、それに影響を受けていくと予想されます。

また、チーム・モチベーションの伝染に影響を与えるのは、リーダーだけではありません。メンバー同士でも起こり得ます。特に影響力があると考えられるのが、他のメンバー以上にやる気にみなぎっている、いわゆる

図表6-6　モチベーションの伝染

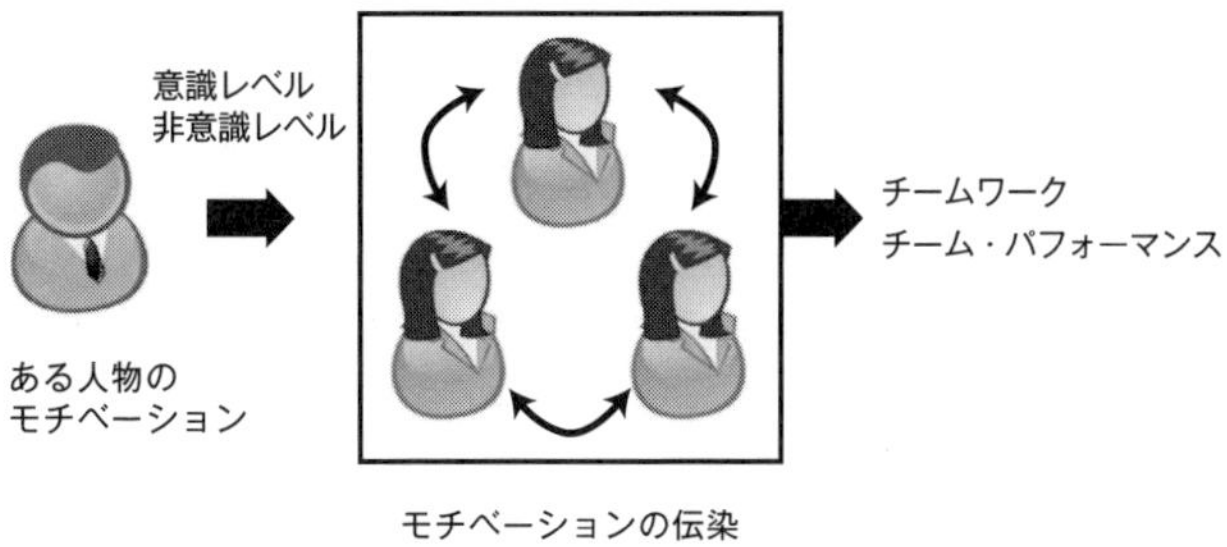

「元気印」のメンバーです。ただし、そのメンバーが影響力を持ち得るためには、他のメンバーがその存在を受け入れて共感する必要があります。仮に受け入れられなければ、そのメンバーはチームで浮いてしまうことにもなるでしょう。

なお、すでにお気づきかと思いますが、モチベーションの伝染は良いことばかりではありません。モチベーションの高いリーダーやメンバーの例を取り上げてきましたが、逆にモチベーションが目に見えて低いリーダーやメンバーが存在すると、かえってチーム全体のモチベーションを下げる負の伝染が生じてしまいます。負の伝染を示す現象として「腐ったリンゴ効果」というものがあります。これについては第7章で概説します。

5 テレワークにおけるチーム・モチベーション

バーチャル・チームが注目された背景

チームにおける活動は、これまで同じ職場、同じ場所で活動している「リアル・チーム」を想定していました。ところが、昨今テレワークが急速に普及し、職場（チーム）のメンバーが自宅等（シェアオフィス、カフェなどを含む）にいながら、チームとして仕事をすることが増えてきています。こうしたチーム形態のことを「バーチャル・チーム」と呼び、2000年以降から研究が進められてきました。

このバーチャル・チーム研究が始まった背景には、経営活動を一つの国にとどめることなく、複数の国にわたって展開する世界的かつ大規模な企業が増えたことがあります。我が国でもグローバルに展開している企業はこれに該当します。こういった企業では、あるプロジェクトのもとにチームを結成する際に、メンバーが複数の国にまたがることが珍しくなく、こうしたプロジェクトチームの運営などについて研究が進められてきました。このバーチャル・チーム研究が、昨今の我が国が直面しているテレワーク下におけるチーム・マネジメントにも有益な示唆をもたらしてくれそうです。なお、ここではテレワーク下におけるチームのことを、先行研究にならいバーチャル・チームと呼ぶことにします。

バーチャリティ（仮想度）という考え

バーチャル・チームとは、「チームメンバーが時間的にも距離的にも離れた場所で仕事をしている」チームを指します。しかし、同じ職場、場所で活動しているリアル・チームと、各メンバーが離れた場所に点在しているバーチャル・チームとに二分されるものではありません。次の２つの指標をもとに「バーチャリティ（仮想度）」という程度を導くことになります。

一つは、「メンバーが地理的・時間的に分散している程度」です。これは、チームの中でどの程度のメンバーが別々の場所で活動しているかなどを考慮します。またもう一つは、

図表６－７　リアル・チームとバーチャル・チーム

「テクノロジー（メール、チャット、オンラインツールなど）への依存度」です。なお、多国籍企業などを対象としたバーチャル・チーム研究では、これら以外に「国籍の数」なども考慮されていますが、ここでは割愛します。

バーチャル・チームにおけるチームワークとモチベーション

バーチャル・チームにおいては、チームワークはどのような影響を受けるのでしょうか。先述した図表6-2のチームワーク・モデルをもとに考えると、バーチャル環境でもチームワークの原理・原則は変わりません。しかし、メンバー同士の距離が離れ、地理的な分散が大きくなるほど、チームワーク要素を実現することは困難になります。

例えば、コミュニケーション自体が何らかのテクノロジーを介する必要があり、他のメンバーが近くにいないことからも、「モニタリング」や「支援」「相互調整」を行うことが難しくなりそうです。実際、産業・組織心理学者のバルタスやディッキンソンらは、メタ分析から、困難で相互作用が求められる課題ほど、リアル・チームよりもバーチャル・チームでパフォーマンスが低下することを明らかにしています。

また、チームにおけるモチベーションについても同様の影響があります。特にメンバーと離れた環境にいることから「協力志向モチベーション」は維持しにくくなり、またチーム全体のモチベーションを喚起することも難しくなります。

複雑性が高い職務や、高質な協力・連携が必要な活動はリアル・チームで取り組み、比較的、分散して取り組めるチーム活動をバーチャル・チームで取り組むなど、課題の性質を見極めながら、チームの形態を検討していく必要があります。また、バーチャル・チームで取り組むとしても、他のメンバーの存在感や、チーム全体のコミュニケーションの機会や環境を確保するために、積極的にテクノロジーを活用していくことも求められます。

本章のポイント

■チームで働くことは、大きな潜在的可能性を秘めている。

■チームには、他者がいることでかえって手抜きをするモチベーション・ロスと呼ばれる落とし穴がある。

■チームのモチベーションを高めるためには、特定個人のモチベーションを高めつつ、チーム全体のモチベーションを底上げする必要がある。

■チームのモチベーションはメンバー間で伝染する。最も強い影響力を持つのがリーダーである。

第7章

チームに自律性を生み出す感謝の心

1 不機嫌な職場をいかに活性化するか

加速する「個業化」とその弊害

現在、あらゆる企業でＩＴ化が定着しています。ほとんどの従業員がパソコンを活用し、さまざまな業務を行うようになったことから、業務の効率性は飛躍的に向上しました。しかし、こうしたＩＴ化の波は、私たちの働き方そのものを大きく変えています。

一つは「個業化」と呼ばれるものです。これは、一人で仕事を完結して進めていける傾向が増えることを指します。元来、企業をはじめとするさまざまな組織では、経営課題を効率的に遂行するために分業化を推し進めてきました。それによって部門や部署が生まれ、さらにそのなかでも個別の従業員に職務が割り当てられています。しかし、それが行き過ぎてしまい、かつＩＴ化と相まって業務の専門化やタコツボ化が進むと、次第に誰がどんな仕事をしているのかが見えづらくなります。こうした状況では、お互いに助け合うことも期待できなくなります。

また、ＩＴ化は、私たちのコミュニケーションのあり方も大きく変えました。

例えば企業では、従業員間の直接的なコミュニケーションの機会が減少しました。企業内外のコミュニケーションで、電子メールを使うことが当然となっています。電子メールそのものは、優れて利便性の高いコミュニケーションツールです。しかし、同じチームや部署などで近くにいるにもかかわらず、コミュニケーションをメールで行うことも珍しくありません。また、かつてと比べてインフォーマルな交流も影を潜めるようになりました。

こうしたことから、多くの企業では従業員同士の関係性が希薄になったと指摘されています。こうした関係性の希薄化は、同じ部署の同僚や他部門の同僚が取り組んでくれた仕事を当然のことと感じたり、関心を示さなくなることにつながります。

職場に蔓延るネガティブ感情

コミュニケーション不全は、職場内外でさまざまな軋轢や不満を生みます。例えば、同僚の仕事の状況が見えないために、「自分だけが苦労している」と自分本位で考えるようになったり、相手が思い通りに対応してくれないことに不満を感じることなどです。こうした視野の狭小化は、個人間だけでなく、他部署や他部門との間にも心理的な溝を生み、部門間での対立を生じさせてしまいます。

さらに、働き方改革に伴う多忙化も従業員を追い詰めます。限られた時間で許容範囲を超えた業務をこなさざるを得ないため、心のゆとりが奪われ、焦燥感に苛まれることになります。

このように職場においてはさまざまな出来事によって、ネガティブな感情が蔓延っています。

「腐ったリンゴ」の職場内侵食

職場で不平不満を漏らし続ける従業員がいると、次第に職場全体の雰囲気が悪くなってしまうことは、産業・組織心理学の研究でもよく知られています。ワシントン大学のフェルプスらは、問題のある成員の存在や行動が職場全体をダメにする心理メカニズムを理論的に整理し、これを「腐ったリンゴ現象」(the bad apple phenomenon) と呼んでいます。これは、「一つの腐ったリンゴが樽全体をダメにする」(one bad apple spoils the barrel)

という英語のことわざを語源とし、「ある一人の困った成員の存在や行動が職場全体をダメにする」意味に例えたものです。

腐ったリンゴ現象は、次のようなプロセスで職場全体を機能不全に至らせ、最終的に職場全体の成果に悪影響をもたらします。

①一人の従業員によるネガティブな言動

きっかけは、ある一人の従業員によるネガティブな行動から始まります。具体的には、

- 力を出そうとしない（あからさまに手抜きをする）
- ネガティブな感情を表出する（イライラを吐き出す）
- 対人的規範を無視する（パワハラやモラハラなどの言動）

の3つの行動です。それらの行動が職場で慢性的に見られるようになると、職場に悪影響を及ぼします。

②周囲のネガティブ感情の創発

職場の同僚は、①にある困った行動を改めさせようと最初は努力します。しかし、その

努力の甲斐なく、改善が見られなければ、「自分は頑張っているのに…」と不公正感を感じたり、また改善が見られないことに対してネガティブな情動が生まれてくるようになります。当然、困った従業員との信頼関係も崩れていきます。

③防衛的行動の蔓延

さらに時間が経過すると、職場内の他の同僚は、それぞれ防衛的行動をとるようになります。すなわち、困った従業員に対して怒りを表出したり、水面下での嫌がらせをしたり し、最終的にその従業員を拒絶するようになります。一方で、職場内の同僚の気持ちも穏やかではなくなります。なんとか仕事をしよう、ムードを維持しようと試みますが、ネガティブな言動を発する同僚が取り組むべき仕事を補うことに不満を持ち、次第に怠けるようになります。

④職場全体への悪影響の波及

職場の人々が③のような行動をとるようになると、職場全体に悪影響が波及するようになります。そして、職場集団の活力ともいうべき職場のモチベーションは減衰し、相互の協力も脅かされ、同僚間にも葛藤が生じるようになります。

⑤職場全体の成果への悪影響

そして最後には、職場の業績や満足感、活力が消失していきます。

読者の中には、「たった一人ぐらいの困った存在であれば、それほど職場に悪影響を与えることはないのでは？」と考える人もいるでしょう。確かに、一人の困った存在を補うだけの優秀な社員が複数いる職場も少なくないでしょう。ところが最新の研究からは、優秀な人が職場全体の業績を引き上げる効果よりも、困った人がそれを引き下げる効果のほうが相対的にインパクトが大きいことがわかっています。「一つの腐ったリンゴが樽全体をダメにする」ということわざの奥深さはここにあるといえます。

不機嫌な職場をいかにマネジメントするか

組織では、従業員の高いモチベーションや協力を引き出すために、さまざまな方法が講じられています。目標管理制度は、その最たる例といえるでしょう。これは、論理的に、人事制度という仕組みを通じてモチベーションやチーム力を高めることを意図していることから、合理的な組織マネジメントといえます。しかし、たとえ合理的な制度やシステムを設計・運用したとしても、必ずしもうまくいくとは限りません。なぜなら、人間はしばしば「感情の動物」とも表現されるように、自身の感情によって、非論理的、非合理的な行動をとるからです。つまり、従業員の「感情」に、個々の働きぶりや、ひいては職場の雰囲気すら影響されるということです。

組織においては、ネガティブな感情が生まれたときに、それに対処することも重要ですが、それだけでは十分ではありません。なぜなら、バウマイスターが主張するように、ネガティブ感情は持続性も長いため、そのマイナスの感情をゼロにするだけでも容易ではありません。ましてや、その感情が人間関係のもつれに起因するのであれば、対処もいっそう難しくなるからです。

一方で、組織に活気が生まれ、同僚同士が自発的に協力し合い、刺激を与え合うのは、ポジティブな感情が共有されているときです。ポジティブ心理学者であるフレデリクソンは、ポジティブな感情は私たちの視野を拡張させて、他者への行動の選択肢を増やすとし、これを「拡張形成理論」と呼んでいます。

このように考えると、ネガティブ感情への対処に時間をかけて終始するのではなく、むしろ意図的あるいは戦略的に日頃からポジティブな感情を引き出し、組織において共有することができれば望ましいといえるでしょう。ポジティブな感情には、喜びや希望、誇りなどがありますが、組織における経営理念や対人関係などに関わるポジティブな感情が「感謝」です。

2

なぜ組織には感謝感情が重要か

感謝とは、他者から何か支援や親切な行為を受けたとき、それに対してありがたいと思うことや、その気持ちを表現することを意味します。私たちは、人から感謝されると嬉しい気持ちになり、その相手に対してさらに良いことを行おうとする性質があります。また感謝する側も、相手にその気持ちを伝えることで、すがすがしい気持ちになります。

企業における「感謝」

経営理念などに、感謝を掲げている企業は多くあります。例えば、港湾における荷物の運搬を担うある企業では、社名に感謝の思いを込めています。かつて創業者が海外で親切な対応を受けたとき、こちらが感謝を述べるべきところにもかかわらず、親切な行為をしたほうが逆に「Thank you」と感謝してくれ、大変感銘を受けたという原体験によるものです。社員研修においても感謝することの重要性を伝承しており、感謝の思いが企業に浸透しています。

同様に、感謝の思いを社員研修に取り入れている企業も数多くあります。大手化粧品メーカーやある航空会社では、会社の存在意義をあらためて問い直し、顧客に「感謝される」人材になることを目指して、新入社員研修において、これまで育ててくれた両親への感謝の思いを手紙に綴ることを取り入れているといいます。感謝の思いを経験することで、顧客や関係者への感謝を大事にする下地を作っています。

感謝の心理的効果とは

感謝感情に注目した研究は、心理学でも2000年頃から盛んに行われるようになりました。企業では、しばしば「(顧客や取引先から) 感謝されるように」と、感謝される側となることに重きが置かれます。一方、心理学の研究ではそれとは逆に、感謝する側に関心が寄せられています。その理由は、心理学では、特にポジティブ心理学という領域において感謝というポジティブ感情が持つ機能や働きに関心が持たれたからです。言い換えると、感謝という感情が喚起されると、私たちの心理や行動がどのように変化するかに関心が寄せられてきました。

ここで、感謝の定義をあらためて見てみましょう。アメリカの心理学者マカローらは、感謝とは、〝他者の道徳的行為に対する情緒的反応〟だとしています (McCullough et al., 2001)。わかりやすくいえば、他者が自分に対して何か親切な行為などを行ったときに、その人に対してありがたいと感じることを指します。では、「感謝すること」には、どのような心理的効果が見られるのでしょうか。

感謝することの心理的効果の一つは、幸福感やウェルビーイング (身体的、精神的、社会的に良好な状態にあること）の向上です。感謝研究に大きな影響を与えた2つの研究を紹介します。

1つ目は、ペンシルベニア大学でポジティブ心理学を提唱したマーティン・セリグマン教授らの「感謝の手紙」の研究です。セリグマンは、まず実験参加者に、これまで良いことをしてもらったにもかかわらず、感謝を伝え切れていなかった人に対する感謝の手紙を書かせました。そしてその手紙を持って本人のもとに訪問して、その場で読んでもらうという実験を行いました。すると、感謝の手紙を書いて本人に伝えた人たち（感謝訪問条件）は、それをやらなかった人（統制条件）と比べて、幸福感が向上して、抑うつ傾向が減少しました。しかも、この効果は1か月間も持続したのです（図表7－1）。

また、カリフォルニア大学のロバート・エモンズ教授らは、「感謝日記」という興味深い研究を行っています。エモンズらは実験参加者に、1週間ごとにその週にあった感謝すべき出来事を振り返ってもらいました（感謝条件）。別の実験参加者には、1週間ごとにイライラした出来事を日記に書いてもらい（イライラ条件）、さらに別の実験参加者には1週間の出来事を単に日記に書いてもらいました（統制群）。これらを4か月間実施したところ、図表7－2のような結果が得られました。すなわち、感謝日記をつけた人は、人

図表7-1　感謝訪問の持続性効果

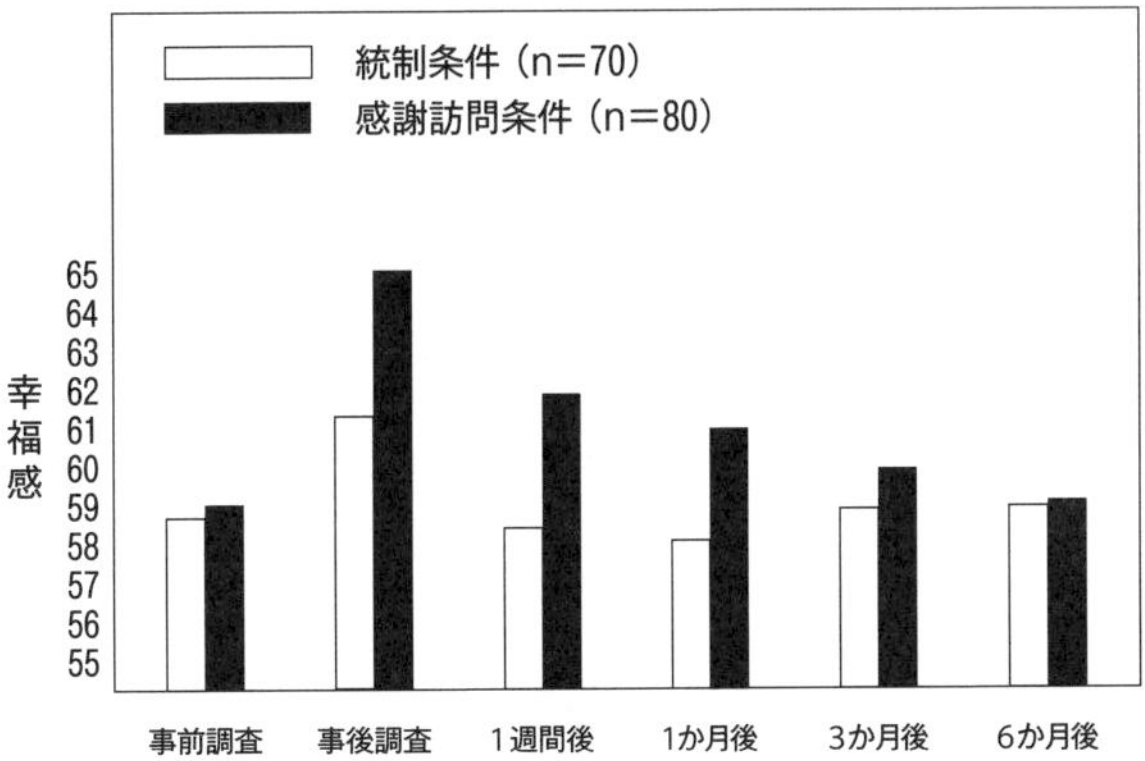

（出典：Seligman, Steen, Park,& Peterson（2005）を基に作成）

図表7-2　感謝日記の効果

	感謝日記条件	イライラ日記条件	日常の出来事条件
今週の生活に関する幸福感	5.05	4.67	4.66
来週への期待	5.48	5.11	5.10
身体症状	3.03	3.54	3.75
エクササイズに費やした時間	4.35	3.01	3.74

（出典：McCullough& Emmons（2003）を基に作成）

生全般の幸福度が高くなるだけでなく、翌週への期待も高くなり、主観的な健康状態も高まったのです。

以上のように、感謝することには幸福感を高める効果があることがわかりました。

さらに、その効果は生理学的にも認められています。アメリカのハートマス研究所のローリン・マクラティ教授は、欲求不満のときと、感謝を感じているときの心拍数を計測し、比較しました（図表7－3）。実験参加者には、0秒から100秒まではイライラした出来事を思い出してもらいます。そして100秒を過ぎたところで、今度は感謝した出来事を思い浮かべてもらいます。すると、100秒を境に心拍数の波長が明らかに変化しました。欲求不満のときには心拍数の波長は大きく乱れていますが、感謝を感じているときにはきれいに波を打っていたのです。

さらにマクラティ教授は、脳のα波も計測しています。α波は脳波の一つで、心身ともにリラックスした状態のときに発するといわれています。図表7－4の左側は、通常時の脳波の状態を表しますが、α波の量は多くありません。そして、右側は感謝しているときの状態です。左と比べ、全体的にα波が出ていることがわかります。

つまり、感謝することで心拍数が安定し、リラックス状態が生み出されることがわかっ

図表7－3　感謝と心拍数

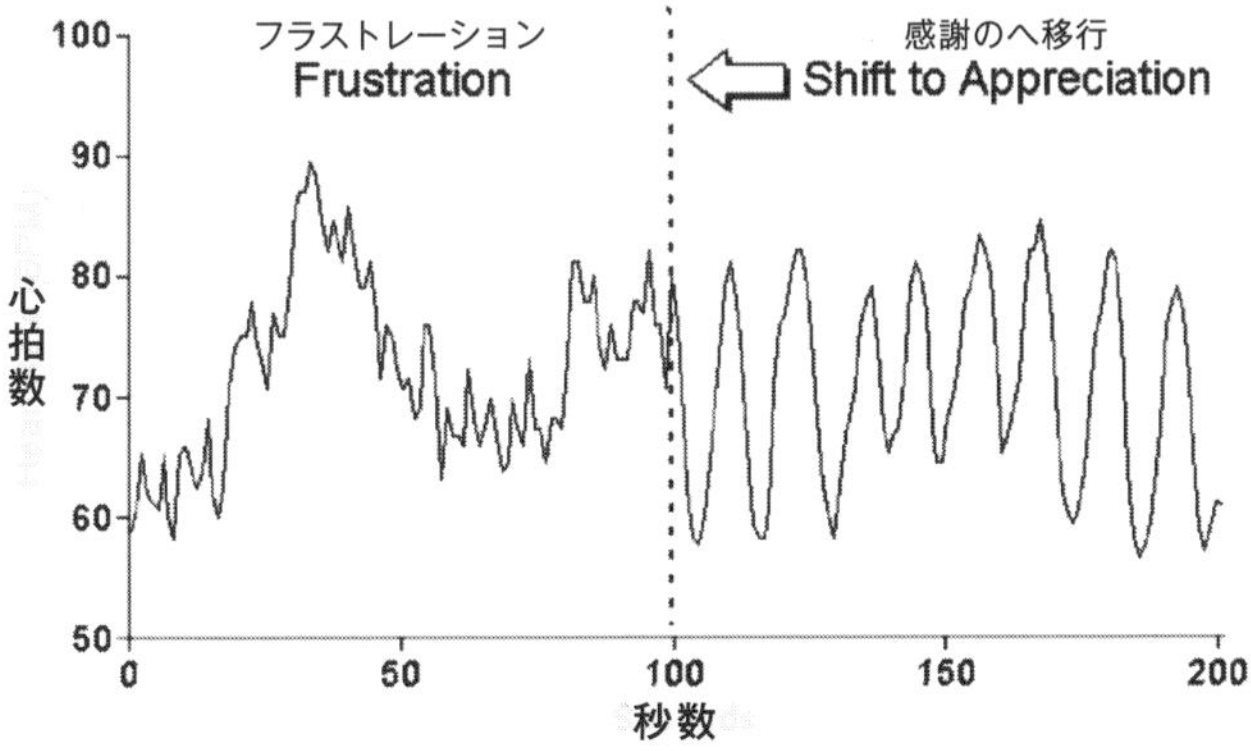

（出典：McCraty & Childre（2002）を基に作成）

図表7－4　感謝とα波

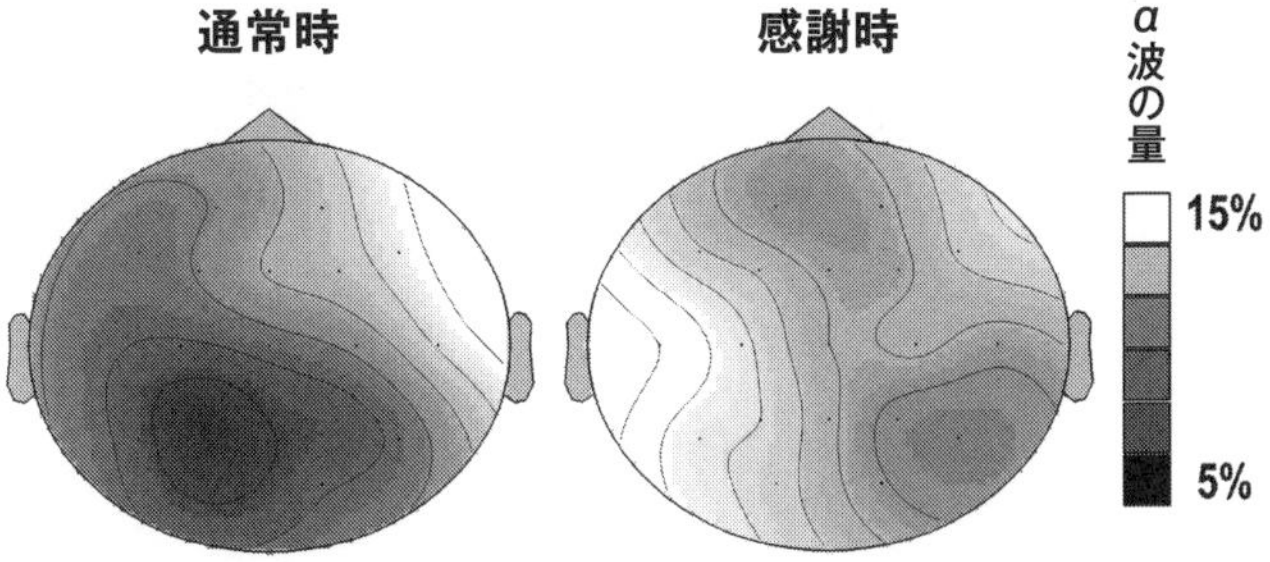

（出典：McCraty & Childre（2002）を基に作成）

たのです。

3　感謝感情を引き出すツールとしての「感謝カード」

感謝カードとは

企業において最も知られている「感謝」の取り組みとして、「感謝カード」が挙げられます。「サンクスカード」ともいわれます。これは、職場内で同僚から支援を受けたときや、同僚が活躍する様子を見たときに、その内容や感謝の気持ちを専用のカードに記して相手に渡す取り組みです。感謝カードを導入する企業の主な目的は、昨今希薄になってきた社員同士のコミュニケーションを活性化させるためであり、すでに多くの企業で導入され、その運用方法や効果が報告されています（図表7-5）。

最近では、これを電子的に行うアプリなども開発されています。同僚同士や、店舗で働く社員、アルバイトスタッフなど、職場に在籍している皆で感謝カードアプリを活用すれば、感謝の気持ちをボタン1つで送ることができます。

企業では、さらに感謝カードを浸透させるため、さまざまな取り組みを行っています。その代表的なものが、表彰制度やポイント制度です。例えば、同僚から感謝された数が多いスタッフを表彰したり、感謝された数をポイントとして景品に交換できる制度を導入している企業もあります。

感謝カードの功罪

感謝という場面では、基本的に感謝〝する〟側と感謝〝される〟側の2つの立場が存在します。感謝カードをはじめとする「感

図表7－5　各企業の「感謝カード」の取り組み

企業名	主な取り組み内容
リッツ・カールトン	感謝したいときにカードを渡す。朝礼で渡すこともある。
P&G	イントラネット上で、自部門や他部門に関係なく自分をサポートしてくれた同僚に対し、電子的なサンクスカードを送ることができる。
ECナビ	各従業員が受け取ったカード枚数を集計し、上位3人については「サンクス賞」として表彰している。
タカヨシ(印刷)	「サンクスカード」をグループウェアでやりとりしている。また、社内でやりとりされたすべてのサンクスカードを一覧することができる。
村田製作所	上司が部下への感謝の気持ちをカードに書き、それを職場に張り出している。

謝」の取り組みの多くは、どちらかといえば感謝〝される〟側にもたらされる効果が期待されています。すなわち、感謝されることで、その本人は自らの働きぶりや相手に行った行為に意義があったと認識することができ、自らの存在価値を見出すことができるようになります。当然、仕事へのモチベーションも高まります。さらには、感謝を表明してくれた人とのコミュニケーションや関係構築にも大きく役立つでしょう。

しかし、「感謝されること」に重点を置いた取り組みは、有益な効果が期待される一方で、いくつか留意すべきポイントがあります。

第一は、感謝されることを重視しすぎると、感謝されないときに不満を抱えてしまうことがあり得るということです。特に、感謝された回数などを社内で表彰するような取り組みを行っている職場ほど、こうした不満が生じる可能性は高くなります。つまり、本来は相手のために手助けしたり、良いことを行っていたにもかかわらず、感謝されることがインフォーマルとはいえ評価の対象になると、それを期待する人が出てきてしまうのです。相手の反応を期待し、下心を持って援助や親切な行為をするのではなく、あくまでも相手のために、相手に役立ててもらうために、という奉仕の精神を大事にする必要があります。

第二には、逆説的ではありますが、感謝されるためには、感謝する人の存在が必要だということです。感謝カードを組織に根付かせるためには、積極的に感謝すべき出来事に気づき、それを相手に伝える行為がなされなければなりません。感謝カードを導入したものの、ほとんど誰も活用しない、という声を耳にしますが、感謝カードの意義を組織で共有し、その取り組みが軌道に乗るまでは、まずは管理者などが率先して実施する必要があります。ただし、あまり強制しすぎると、心の込もっていない形だけのカードが氾濫することになってしまいます。本来の意図とはかけ離れたものにならないように、注意する必要があります。

感謝カードの導入による心理的効果

感謝カードを導入することで、実際にどのような効果が得られるのでしょうか。また、感謝カードを渡すこと（感謝すること）ともらうこと（感謝されること）では、どちらがより強い効果を持つのでしょうか。

これを明らかにするため、筆者らの研究チームは、電子機器メーカーA社の某部門を対象に、感謝カード導入から3か月後と12か月後の計2回の調査を実施し、検証しました。

まず、感謝カードを授受する枚数は、導入からの時間経過とともに減少していきました。この事実は、感謝カードに限らず、コミュニケーションを促す施策を定着させることの難しさを物語っています。

ところが、導入してから3か月後と12か月後の心理的効果の比較では、感謝カードの効果がはっきりと表れました。

これをまとめたものが図表7－6です。ここでは、重回帰分析の結果を示しています。これは、複数の説明変数が結果変数（基準変数）に与える効果の強さを表す指標で、プラス1からマイナス1までの値をとり、0（ゼロ）はまったく効果がないことを意味します。

この調査では、感謝カードの心理的効果と

図表7-6　感謝カードの効果

変数名	仕事へのモチベーションの向上		上司や同僚とのコミュニケーション向上		チーム（会社）内での一体感の向上		チーム／部署内での連携の向上	
	3か月後	1年後	3か月後	1年後	3か月後	1年後	3か月後	1年後
感謝特性	**.30**	**.36**	**.27**	.24	**.34**	.17	**.25**	**.31**
感謝カードを渡した枚数	.03	**.67**	.07	**.49**	-.07	**.61**	-.05	**.48**
感謝カードを受け取った枚数	-.02	**-.46**	.07	.01	.02	-.09	.06	.08
R^2	.09	**.19**	.09	**.21**	**.12**	**.25**	.07	**.25**

注1：本調査は、青島美佳氏、山口裕幸氏、縄田健悟氏との共同研究の一部
注2：太字の数字は、統計的に有意（1％、5％）あるいは有意傾向（10％）があることを示す
注3：R^2は重決定係数を示し、複数の説明変数が結果変数をどの程度説明できているかを意味している

して、

■個人レベルでの「仕事へのモチベーションの向上」
■対人レベルでの「上司や同僚とのコミュニケーション向上」
■職場・チームレベルでの「チーム（会社）内での一体感の向上」
■職場・チームレベルでの「チーム／部署内での連携の向上」

を設定しました。

そして、説明変数として、

■日常の出来事に対して頻繁に感謝する傾向の高さを意味する「感謝特性」
■「感謝カードを渡した枚数」
■「感謝カードを受け取った枚数」

を設定しました。

図表7－6が示す通り、感謝カードの導入から3か月後の調査では、感謝カードの授受の多さには心理的効果は見られません。しかし、導入から12か月後の調査では、「感謝カードを渡した枚数」の多さには明確な効果が表れています。

このことから、

■「感謝カードを受け取った枚数」については、まったく効果がないか、「仕事へのモチベーションの向上」に抑制的な効果がある

■「感謝カードを渡した枚数」の多さに、いずれの指標をも促進する強い効果がある

■「感謝特性」は、いずれの結果変数に対しても安定した効果を示している

といえます。

つまり、感謝カードを導入すること、なかでも同僚や上司、顧客など他者に対して〝感謝すること〟は、仕事へのモチベーションを促すだけでなく、コミュニケーションを向上させ、チーム内での一体感や連携を生み出す源泉になることがわかります。

4 感謝を職場で共有する「感謝ミーティング」

筆者は、日常的に感謝を組織内で表明、共有する機会を設けている企業（B社）を対象に実証的な研究を行っています。B社では、毎朝、感謝を表明することを目的とした朝礼（感謝ミーティング）が行われ、そこに参加する従業員はさまざまな出来事について感謝

を表明します。なお、朝礼への参加は強制ではなく、あくまでも任意です。したがって、朝礼への参加頻度は人によってバラツキがあります（図表7－7）。

インタビューからわかった感謝ミーティングの効果

日常的に感謝することは、どのような効果を生んでいるのでしょうか。従業員を対象にインタビューを行ったところ、「感謝すべき経験を意識化することができる」ようになったという声が聞こえました。日常的に感謝を表明することで、日頃の些細な出来事や見過ごしがちな出来事の中にある感謝すべきこと

図表7－7　感謝ミーティングの参加頻度

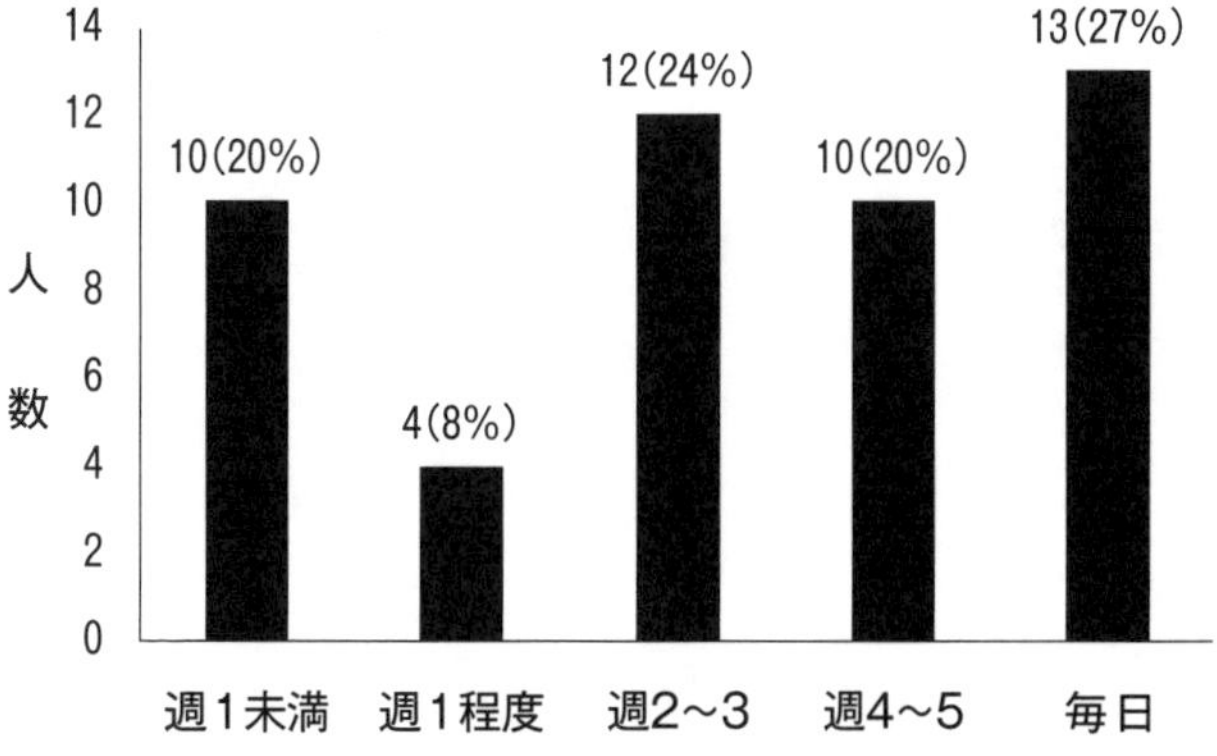

に気づけるようになったといえます。例えば、「お客様からの感謝の言葉を意識できるようになった」など、ともすれば見過ごしてしまいそうな他者の道徳的な行為に気づくようになったのです。

また、嫌な出来事についても、学習すべき意義ある経験として考えるようになったことが読み取れました。例えばある従業員へのインタビューでは、「お客様から厳しい指摘があり、通常であれば不快になるところであるが、逆にあえて厳しいことを指摘してくださった背景には、弊社に良くなってほしい、という意図があったかもしれず、そう思うとありがたい」という発言がありました。

通常、怒りや不快感などのネガティブ感情は、私たちの視野を狭くさせる機能を持ちます。私たちも、そういった感情を抱くと、相手の立場や意図まで思いを寄せられず、独りよがりになって不満を表出してしまうことがあるでしょう。しかし、日頃から感謝をすることで、視野の狭小化を防ぎ、相手の立場を慮ることにつながる可能性があるのです。実際、イースタン・ワシントン大学のワトキンスらは、感謝と過去の経験の捉え方について考察し、日頃から感謝をする人は、そうでない人よりも数多くのポジティブな経験をしているのではなく、日常の出来事を感謝すべきものとして捉え直していることを報告しています（Watkins, 2004）。

また、感謝をすることで、職場の同僚に目を向けるようになった人がいたこともインタビューから明らかになりました。SEとして働くある従業員は、ある日、感謝ミーティングで自分の設計したシステムが使いやすかったと感謝されたことで、「同僚が使いやすいシステムを作ろう」と考えるようになり、視野の拡張と自発的な協力が生まれるようになったと話しました。

調査を通じた感謝ミーティングの効果

先述のインタビューで得られた内容を踏まえて、さらに感謝感情が職場にどのような効果をもたらすかを確認するために、調査を実施しました。

まず、B社の従業員の皆さんが、日頃どの程度感謝しているかを把握する必要があります。そのために、エモンズとマクラフが提唱する「感謝特性」を把握する尺度を使用しました。最大値は5点で、これが高いほど感謝しやすい性質だといえます。その結果、B社の平均値は4・34点と高い傾向を示しました。なお、一般の社会人300名にも調査を実施したところ、平均値は2・84点でした。感謝ミーティングを日々行っている企業のスタッフが、日頃高い感度で感謝をしていることがわかります。

また、感謝特性の高さは、感謝ミーティングに参加している頻度とも興味深い関係がありました。図表7－7で、感謝ミーティングの参加頻度を示しました。その頻度ごとに感謝特性の平均値を示したのが図表7－8です。

これを見ると、感謝ミーティングへの参加が週1回未満から週2～3回程度であれば、感謝特性の平均値は4点強です。ところが、週4回以上のほぼ毎日参加する人たちは、より高い感謝特性を示していることがわかります。

図表7－8　感謝ミーティングの参加頻度と感謝特性

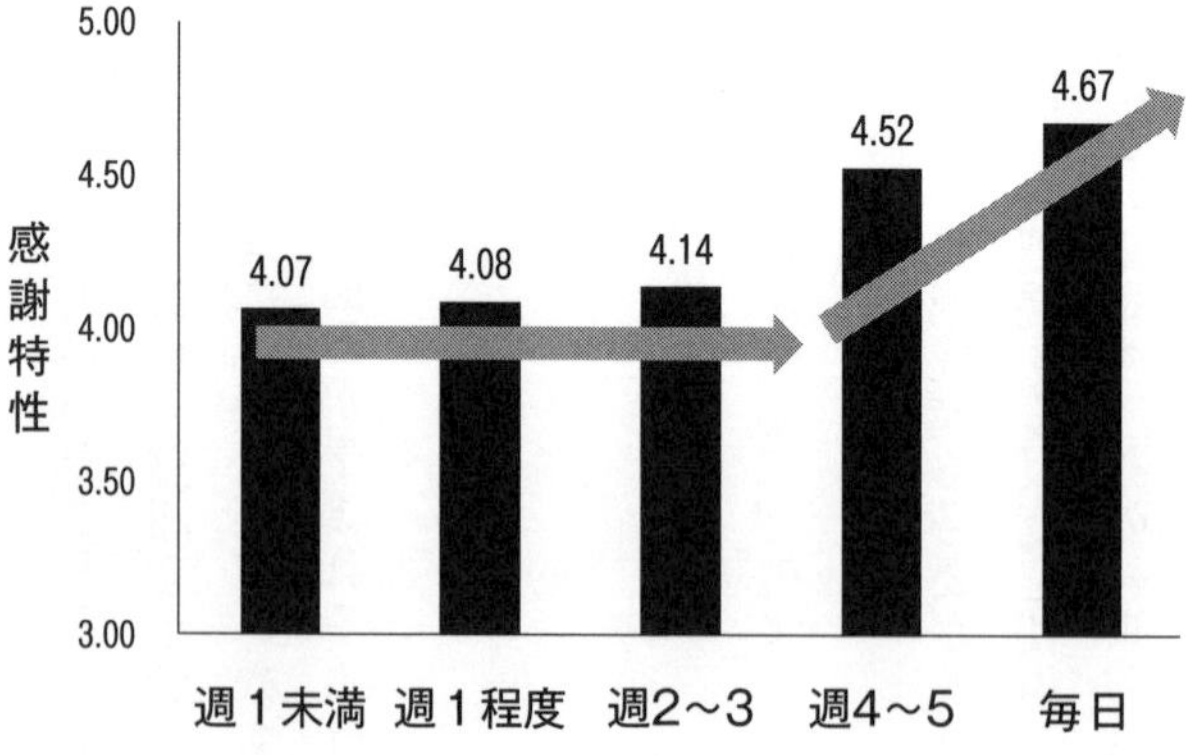

次に、感謝特性の効果を検証したところ、大きく4つの効果と発見事実が認められました。

1つ目は、感謝感情の高まりは、「視点取得」と呼ばれる、他者の立場や視点に立つような心理傾向を生み出すということです。先のインタビューで得られた、顧客や同僚のニーズに目を向けるようになったという声を裏付ける知見です。これは、フレデリクソンの拡張形成理論による、ポジティブ感情を抱くことで視野が広がり、行動のレパートリーが広がるという指摘とも符合する知見です。

2つ目は、感謝感情は、自身の課題パフォーマンスとはまったく関連性が見られないという事実です。図表7-9の1番上の三角形は、感謝特性から課題パフォーマンスへの効果を示していますが、有意な値は認められませんでした。

そして3つ目は、先の視点取得によって同僚などに目を向けるようになることが、協力行動や将来を見据えた行動につながっているということです。これは、感謝特性が視点取得を高め、それが職場や同僚への協力を意味する「文脈的パフォーマンス」について統計的に有意な効果を示したことから読み取れます（図表7-9、左下）。しかも、これが部門内だけにとどまらず、部門を越えて協力や連携がなされている可能性も示していました

（池田，2015）。

4つ目は、感謝感情は、視点取得を高めて、先々に必要な行動（プロアクティブ・パフォーマンス）を促すということです（図表7－9、右下）。「プロアクティブ・パフォーマンス」とは、組織や職場、あるいは自身にとって将来必要とされる活動や行動を意味するものです。前述のインタビューにおいても、SEである従業員が感謝ミーティングをきっかけに、職場がさらに良くなるようシステムを開発しようとする発言がありました。まさにこの内容を裏付けるものといえます。

つまり、感謝は必ずしも自身のパフォーマンスを促進するわけではありませんが、同僚や職場全体のパフォーマンスを底上げする効

図表7－9　感謝の波及効果

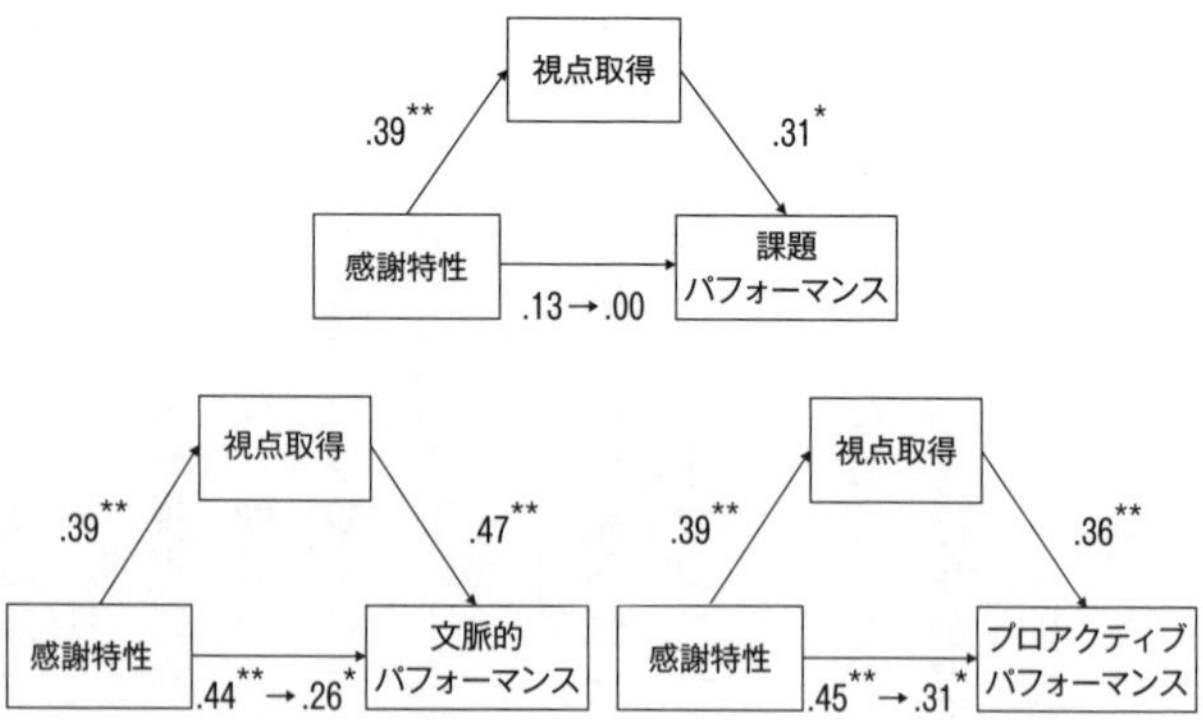

果が期待できることから、感謝を表明し、さらにそれを組織で共有することが、組織力の形成につながると理解できます。

5 習慣的に感謝をすることが重要

「感謝」の反対は何でしょうか。それは「当然の権利」と感じることです。

数年前、新聞に興味深い記事が掲載されていました。某大手化粧品メーカーは、20年以上前に育児休業や短時間勤務制度を導入し、「女性に優しい会社」という評判を築いてきたそうです。ところが最近では、短時間勤務をしている社員が、忙しい夕方でも同僚に感謝の言葉もなく帰るなど、育児に対する会社からの配慮が既得権益化してしまい、それを支えている他の社員と摩擦が起きてしまっているというものです。まさに、「感謝」が「当然の権利」になってしまった事例ともいえます。

私たちは、たとえありがたいことであっても、自己中心的に、当然のことと考えてしまいがちです。これは、支援や親切な行為を行ってくれた相手の気持ちに対して鈍感になってしまっているからではないでしょうか。組織の活動の多くが同僚との協力、さらには顧客との関わりであることを考えると、普段から、習慣的かつ意識的に感謝することの重要さに気づくことでしょう。

本章のポイント

■職場やチームに、不平不満をいったり、あからさまな手抜きを行うメンバーがいると、職場全体が機能不全に陥る危険性がある。これを「腐ったリンゴ効果」と呼ぶ。

■人から「感謝されること」よりも、自ら「感謝すること」が多くの心理的効果をもたらす。

■感謝する習慣を持つと、視野が広がり、経験を意義あるものと捉えるようになり、同僚への協力が広がる。

■感謝の習慣を広げる施策として、感謝カードや感謝ミーティングなどがある。

第８章

個人とチームの自律性を醸成する
サーバント・リーダーシップ

ここまで、働き方が変化する環境における自律的なモチベーションとその源泉、またそれを引き出すための心理的メカニズムについて、さまざまな観点から考えてきました。本章では、自律的モチベーションを引き出す管理者のリーダーシップについて考えていきましょう。

1 自律性を引き出すリーダーシップとは

人々の自律性とは相反する管理者のリーダーシップ

職場やチームを預かる管理者であれば誰でも、担当する職場の従業員に自ら進んで仕事に取り組んでもらいたいと思うでしょう。働く現場だけでなく、学校であれば教師が子どもたちに対して、また家庭でも親が我が子に対して、進んで勉強してほしいと願うものです。それと同時に、どうすれば自ら動いてくれるのか、どうすれば自律的なモチベーションを引き出すことができるのかと、頭を悩ませています。

「お前ら、やれ！」と口で言うのは簡単です。しかし、こうした発言によって取り組んだ活動や勉強は、その時点で「指示」によって動かされた「他律的」なものとなってしまいます。ここに、自律性を促す管理者の働きかけの難しさがあります。

一方で、自律的なモチベーションを引き出すことに直接焦点を当てて検討したリーダーシップ理論は、無きに等しいのが現状です。その理由は、リーダーシップ理論の関心の中心が、いかに組織や現場が直面している課題に適応して成果を上げられるのか、またそのために職場の従業員をどのように目標達成に向けて動機づけ、導けるかにあったからです。言い換えると、リーダーシップとは対人的影響力の強さを表すものであり、他律的であれ、スタッフをいかに動かすことができるかが重要視されてきたのです。

自律的なモチベーションを支える3つの基本的心理欲求の再確認

自律的なモチベーションを引き出すことに直接焦点を当てたリーダーシップ理論はありませんが、既存のリーダーシップ理論を、率いる従業員にとっての「他律性－自律性」の視点から整理することは可能です。そこから、人々の自律的なモチベーションを引き出すための有益な示唆が見えてきます。

その整理を行う前に、まずは働く人々の自律的なモチベーションの基盤となる3つの基本的心理欲求について、あらためて確認しておきましょう。第2章でも紹介したように、デシとライアンは自己決定理論の観点から、人が自律的に行動するためには、

- 自律性への欲求－自らの意志で行動したい、働きたい
- 有能さへの欲求－自ら能力やスキルを獲得して、何かを成し遂げたい、影響力を持ちたい
- 関係性への欲求－職場の同僚や上司などの関係他者と親密な関係を築きたい、交流したい

という3つの基本的心理欲求を充足する必要があると説きました。

管理者が従業員の自律的なモチベーションを引き出そうとする際には、従業員に働きかける言動が、これら3つの心理的欲求を脅かしていないかに留意する必要があるということです。

従来のリーダーシップ理論と自律的なモチベーション

従来、さまざまなリーダーシップ理論が提案されてきました。その多くが、組織や集団のパフォーマンスや目標達成につながるリーダーシップを探求したものです。

しかし最近では、管理者のパワハラや不正などの非倫理的な行為が問題視されるようになり、リーダーシップのダークサイドともいえるネガティブな側面が明らかにされつつあります。従業員の自律的・他律的モチベーションを考えるために、これまでのリーダーシップ理論を俯瞰的に捉えてみましょう。

図表８－１は、従来の主要なリーダーシッ

図表８－１　自律性に結びつくリーダーシップ理論の類型化

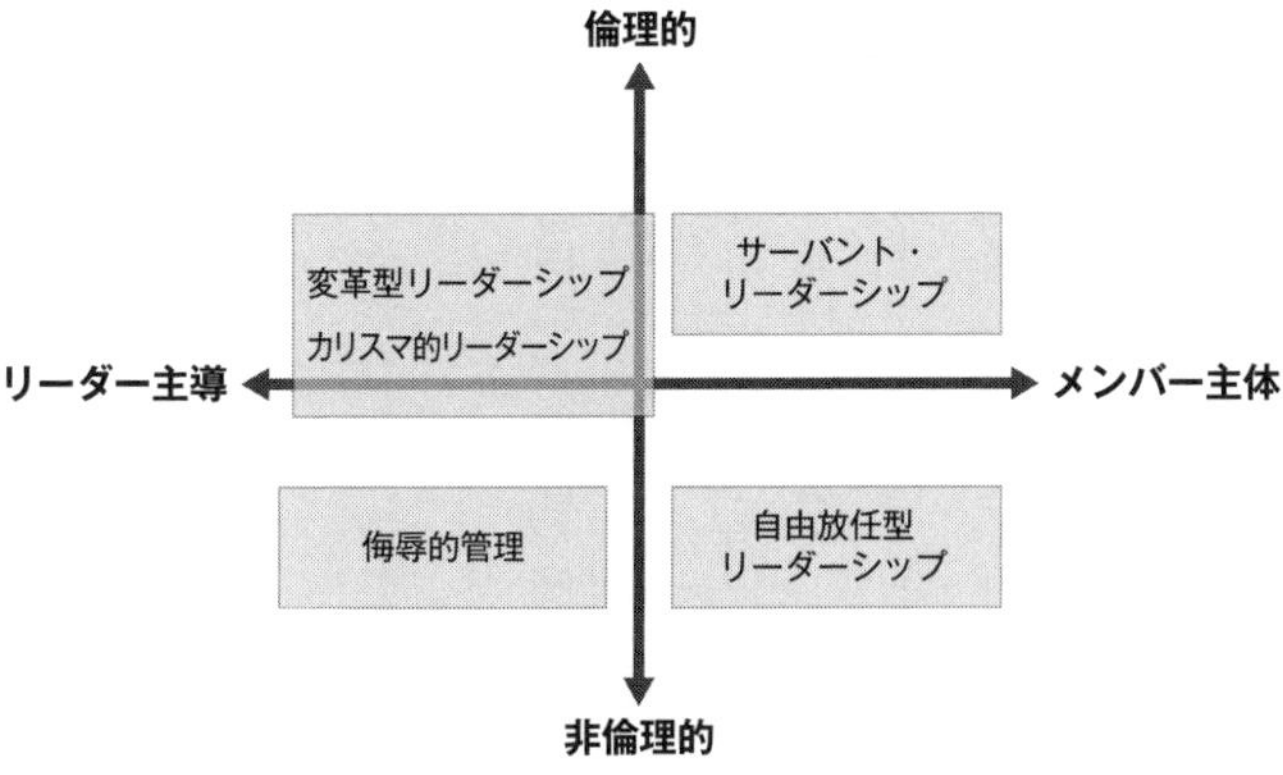

プ理論を、「リーダー主導－メンバー主体」と「倫理的－非倫理的」という2つの次元から布置したものです。

①変革型リーダーシップ

リーダーシップ研究において、今や最も実証的な知見が蓄積されており、効果的なリーダーシップとされているのが「変革型リーダーシップ」です。

変革型リーダーシップとは、メンバーに、明確かつ理想的な目標の重要性や価値を気づかせ、組織のために私欲から抜け出させることで、より高いレベルの欲求を活性化させ、その意識を変革することを目指したものとされており、ニューヨーク市立大学のバーナード・バス教授が理論化し、提唱しました。カリスマ的な影響力を発揮しながら、魅力的なビジョンを掲げて組織のメンバーを動機づけることから、パフォーマンスはもとより、メンバーの満足感やモチベーションにも強い効果があることが明らかにされています。

ただし、図表8－1に布置されているように、あくまでもリーダーがビジョンを掲げ、それをもとにメンバーに知的な刺激を与えることを影響力の源泉としているため、リーダー主導であり、メンバーはやや他律的に動かされているといえます。

なお、変革型リーダーシップは、あくまでも組織変革に向けて大きな影響力を発揮する倫理的なリーダーシップです。しかし、それと関連して、メンバーを強く魅了して、影響力を発揮するカリスマ的リーダーシップは、組織を正しい方向に向けて変革に導くブライトサイド（明るい側面）が注目されている一方で、歴史的にはナチスドイツを率いたアドルフ・ヒトラーのように、ダークサイド（暗い負の側面）ともいえる事例が存在することも最近の研究から明らかにされています。なお、「カリスマ」とは、古くは社会学者のマックス・ウェバーが示した概念であり、一般の人にはない、超人的な資質や能力のことを指していました。しかし現在では、超人的な人物だけが備えているものではなく、あるリーダーに対してメンバーが強く魅力を感じたり、リーダーのようになりたいと同一視する傾向の意味として用いられています。

変革型あるいはカリスマ的リーダーシップの発揮がブライトサイドに向かうのか、あるいはダークサイドに向かうのか。ペンシルベニア大学のハウスとウェスタン・オンタリオ大学のハウウェルによれば、これを大きく左右するのは、リーダーの「動機」（motive）だといいます。つまり、リーダーシップを発揮する動機が、組織や集団の目標の実現に動機づけられている社会志向的カリスマなものであれば倫理的なものとなりますが、自己利益に動機づけられた自己志向的カリスマなものであると、非倫理的な行為に及ぶ危険性があるということです。

②侮辱的管理

オハイオ州立大学のベネット・テッパー教授は、ネガティブかつ非倫理的なリーダーシップとして、「侮辱的管理（abusive supervision）」の研究を進めています。

侮辱的管理とは、「上司が部下を敵対的な言語的・非言語的行動（身体的接触を除く）を持続的に示すことで管理すること」と定義されています。具体的には、管理者が直属の部下を大声で罵倒したり、嫌がらせをする行為です。我が国では、職位や立場を利用したパワハラ（パワーハラスメント）というと理解しやすいでしょう。

侮辱的管理も、他のリーダーシップと同様に、部下であるメンバーの成長を促すため、あるいは成果を上げるために、彼らのやる気を鼓舞することを目的としています。その手段として、メンバーに厳しく当たるところに特徴があります。たとえ目的は妥当であっても、その手段が独りよがりであったり、メンバーの考えや意見、悩みに耳を傾けずに一方向的にこれを行うことで、部下はその行為を否定的に捉えるようになります。

侮辱的管理を行うと、部下はどうしても管理者の機嫌をうかがうようになり、他律的モチベーションで動かされます。さらにそれがエスカレートすると、ストレスや退職につながる危険性があります。

③自由放任型リーダーシップ

ワシントン大学のブルース・アヴォリオ教授は、最も効果的とされる変革型リーダーシップの対極に、消極的で非効果的なリーダーシップとして「自由放任型リーダーシップ(laissez-faire leadership)」を位置づけています。これは、リーダーシップと呼ぶのもはばかられますが、管理者としての責任を回避して、とるべき行動をほとんど行わないリーダーシップです。

具体的には、リーダーが責任を避けたり、問題が起きてもそれに対応しなかったり、メンバーからの要請に対して反応しないことなどが挙げられます。怠慢ともいえる自由放任型リーダーシップは、必要とされるリーダーシップを発揮していない(できていない)ことから、期待される成果に至ることはありません。また、必ずしも有害ではないと考えるかもしれませんが、決してそうではありません。管理者が何もせず、その役割を果たさないと、メンバーは否が応でも主体的にならざるを得ませんが、この状況は各メンバーの役割を曖昧にしてしまいます。その結果、部下たちは、何をどう取り組めばよいかわからなくなったり、管理される側でありながら管理者的な職務をこなさなければならないという役割葛藤（自らの役割が不明確で混乱が生じている状態）を抱えます。同時に、メンバー間での葛藤や争いをも引き起こし、間接的にストレスの原因となり得ることが明らかになっています。

④サーバント・リーダーシップ

メンバー主体で、かつ倫理的なリーダーシップとして注目を集めているのが、「サーバント・リーダーシップ」です。これについては、次節で詳解します。

2　自律性を引き出す鍵を握るサーバント・リーダーシップ

サーバント・リーダーシップが生まれた背景

サーバント・リーダーシップは、ロバート・K・グリーンリーフ（Robert K. Greenleaf）が、１９７０年に〝The Servant as Leader（リーダーとしてのサーバント）〟というタイトルでエッセイを発表したのが始まりです。決して新しい理論ではありません。

発表当時、我が国はもとより、欧米でもほとんど注目されることはありませんでした。その理由は、我々が一般的に抱くリーダーシップのイメージとは大きく異なるものだったことに起因していると考えられます。アメリカでは、１９８０年代から１９９０年代には、組織を変革する〝カリスマ〟的リーダーに期待と関心が集まっていました。そのため、社会的にも学問的にも、カリスマ的リーダーシップや変革型リーダーシップに関する研究や著作が数多く発表されました。

しかし近年になって、ようやくサーバント・リーダーの重要性と意義が認識され、学術的かつ実証的な研究も着手され始めています。

「サーバント」の本質的な意味

サーバント・リーダーシップについて説明する前に、まずは「サーバント（servant）」という言葉について説明しておきましょう。邦訳を辞書で調べると、「召使い」「従者」「奉仕者」と記されています。リーダーという言葉のイメージとはいかにも対照的です。「サーバント」と「リーダー」について、水と油のように相容れないものと感じる方もいることでしょう。

しかし、ここでいうサーバントの本質は、召使いのように単に従業員の言いなりになるということではなく、リーダーが掲げるミッションや目標のもとに、従業員に尽くす、奉仕するということにあります。言い換えると、リーダーはミッションや目標を掲げ、それを達成するために従業員を意欲づけますが、その際に、上からの指示や命令によって引っ張るのではなく、従業員が目標を達成できるように支えて尽くすことがサーバント・リーダーシップだといえます。

従来のリーダーシップとの違い

　従業員に尽くす、あるいは奉仕するという言葉が、これまで私たちが考えてきたリーダーシップのイメージとは大きく異なることについて、もう少し考えてみましょう。従来型リーダーシップを「トップダウン・リーダーシップ」とし、その違いを図示したのが図表8－2です。

　一般的に私たちがこれまで考えてきたリーダーシップとは、図の左側のように、リーダーがメンバーの上に君臨したり、また先頭に立って、上意下達で指示や命令を行いながら目標達成に向けて導くというものでした。それゆえ、「リーダーは、強い意志を持ち、

図表8－2　トップダウン・リーダーとサーバント・リーダー

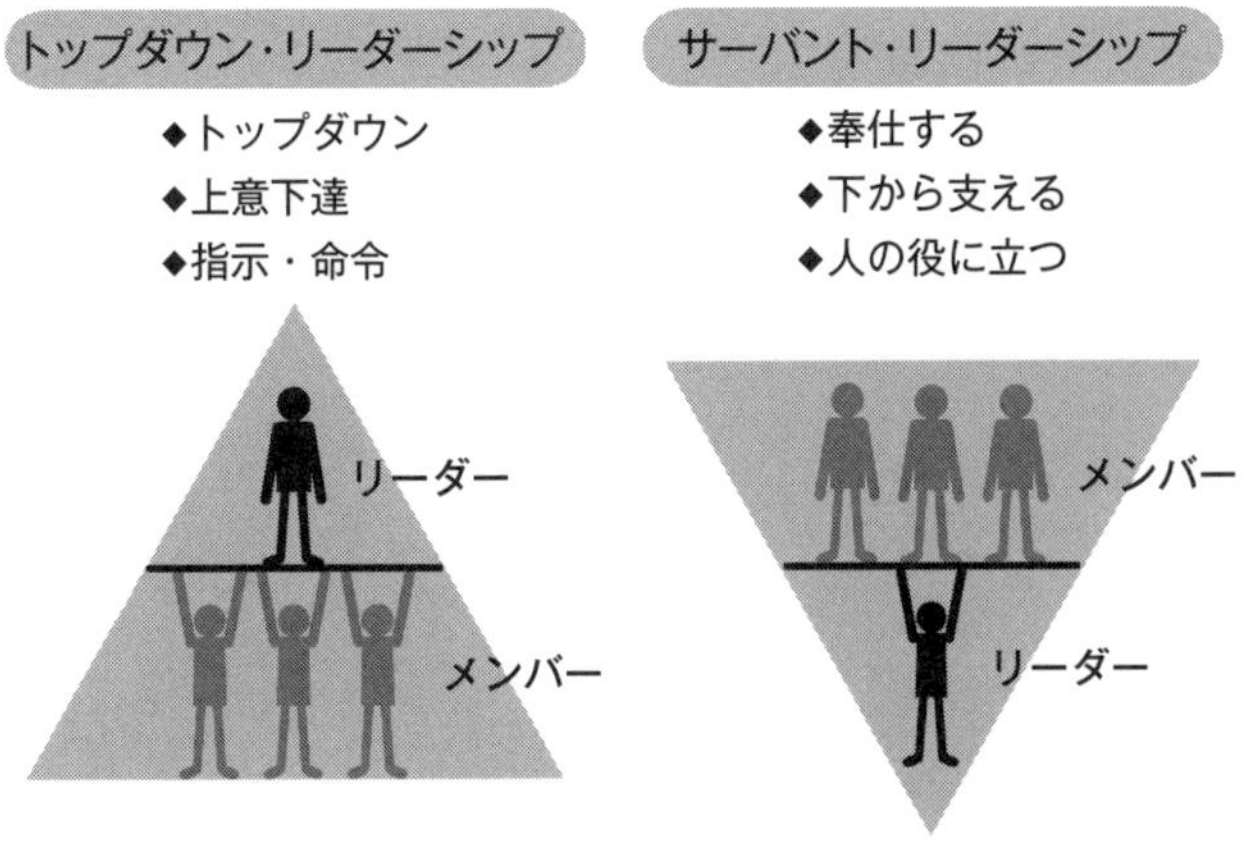

的確な指示や命令をしなければならない」という固定観念を抱くことさえありました。

団塊の世代を中心としたかつての企業人は、管理職に就任して人の上に立つことができることを名誉と感じ、競争を勝ち抜いた証としての誇らしさを感じていました。ところが、最近の若い世代を中心に、管理職になりたがらない人が増えています。その原因の一つは、人の上に立つことの責任感の重さや、人に対して指示命令することへの不安を感じているからだといいます。

一方で、サーバント・リーダーシップにおけるリーダーとメンバーとの関係は、従来とは真逆の構造です。図の右側にあるように、リーダーがメンバーを下から支えたり、またメンバーの背中を押すという後方支援のイメージです。こうして後方支援を行いながら、メンバーを目標達成に導くことがサーバント・リーダーシップの特徴です。

このように、サーバント・リーダーシップは、これまでのリーダーシップに関する前提や考え方を大きく変えていることから、リーダーシップのパラダイムシフトを起こしたといえるでしょう。

サーバント・リーダーシップの特徴

サーバント・リーダーシップとは、具体的なスキルや方法論ではなく、「リーダーである人は、まず相手に奉仕し、その後、相手を導くものである」という実践哲学です。リーダーシップに対する信念や考え方とも表現できます。しかし、欧米で数多く行われた研究の結果から、サーバント・リーダーと見なされるリーダーの行動にはいくつかの共通点があることがわかりました。サーバント・リーダーシップを身につけていくうえでの参考となりますので、詳しく見ていきましょう。

①ビジョンの明示

1つ目は「ビジョンの明示」です。なぜメンバーに対して奉仕し、支援するかといえば、それはリーダーのみならず、その集団やチーム、組織に達成すべき課題や使命があるからです。それを実現するために、サーバント・リーダーは皆が共感できるビジョンを明示します。なお、これはサーバント・リーダーシップだけの特徴ではなく、あらゆるリーダーシップに求められることです。ただし、ビジョンを作り上げ、明示する方法の点で、サーバント・リーダーシップには特徴があります。これについては後述します（234ページ）。

②**権限委譲**

2つ目は「権限委譲」です。これはメンバーに仕事を任せ、責任や権限を与えることです。ただし、仕事を丸投げして放任するのとは大きく異なります。仕事を任せながらも、その仕事に取り組む過程や成長をしっかり支援していくことが求められます。

③**部下の業務遂行と成長に対する支援**

3つ目は、「部下の業務遂行と成長に対する支援」です。メンバーが目標達成に向かうために、業務プロセスをしっかり観察して、それを支えることを指します。また、メンバーがさらに高い水準で業務を遂行できるよう、成長を支援し、コーチングする役割も求められています。

④**謙虚さ**

最後は、「謙虚さ」です。この謙虚さとは、単にリーダーとして控えめな態度をとることではなく、リーダーが自らの行動や態度、価値観などを正確に認識するとともに、メンバーからの意見や提案などを素直に受け入れ、そこから学ぶ姿勢を持つことを意味します。

サーバント・リーダーシップの効果

では、従来型の導き方であるトップダウン的なリーダーシップ・スタイルと、従業員を下から支えるサーバント・リーダーシップでは、集団の成果や、従業員の態度に与える効果にどのような違いがあるのでしょうか。

これについて、「社会心理学の父」と呼ばれるクルト・レヴィンらが行った「リーダーシップと社会風土の実験」が、重要かつ実践的な示唆を提供しています。

この実験では、少年グループを対象に、専制型リーダーと民主型リーダーについて、それぞれがもたらす効果が検証されました。専制型リーダーは、集団活動のすべてを自ら決定し、少年たちに指示・命令を行いました。対して民主型リーダーは、集団の方針を可能な限り少年たちによる討議によって決定するように任せ、必要に応じて適切な助言と援助を行いました。

その結果、双方ともに優れた作業量を示した一方で、モチベーションや集団の雰囲気は、リーダーシップのスタイルによって大きな違いを見せました。すなわち、民主型リーダーのもとでは、少年たちのモチベーションは自律的で高く、創造性が発揮され、集団の雰囲気も友好的でした。それに対して、専制型リーダーのもとでは、集団の雰囲気は攻撃的で、リーダーがいるときには作業に取り組むものの、いないときには作業を怠けているという結果でした。

以上、2つのリーダーシップを従業員の導き方の観点から再考してみると、専制型リーダーが上意下達を象徴とするトップダウン的なスタイルであるのに対し、民主型リーダーは従業員を支え、奉仕するサーバント・リーダーシップと見なすことができます。

このほかにも、サーバント・リーダーシップには、大きく3つの効果があることがわかっています。

①リーダーとメンバーの信頼関係構築への寄与

トップダウン型のリーダーと従業員の関係性は希薄です。従業員の意見を尊重せずに一方的にリーダーが指示や命令を行うと、従業員は自分たちが信頼されていないと感じるからです。

一方、サーバント・リーダーシップでは、リーダーは従業員を支援して、仕事を任せることを推進します。すると従業員は、互恵性の原理（リーダーと部下の関係性の中で、お互いが相手の行為に対して報いること）から、リーダーの配慮や期待に応えようとします。その結果、リーダーと従業員との間に信頼関係が構築されていきます。

②メンバーの自律的モチベーションへの寄与

一方的な指示や命令は、受け手である従業員の（自律的な）モチベーションを削いでしまいます。それは、自律的なモチベーションを支える3つの基本的心理欲求（自律性、有能さ、関係性への欲求）のうち、自律性への欲求を脅かすからです。

それどころか、従業員は管理者から指示されたことや、与えられた職務だけをこなすことにエネルギーを注ぎます。なぜなら、それを十分に遂行しないことによるリーダーからの否定的評価を恐れるからです。

それに対し、サーバント・リーダーシップに基づいて、リーダーが従業員に積極的に職務を任せると、3つの基本的心理欲求が充足されて、従業員は自分なりに創意工夫しながら取り組むだけでなく、言われる前に何をすべきか、職場全体で何が期待されているかを絶えず考えながら取り組むようになります。
ケベック大学のチニアラとベンタインらは、サーバント・リーダーシップは3つの基本的心理欲求のすべてを充足する効果を持つことを明らかにしています（図表8-3）。さらに、欲求充足と3つの職務行動との関係から、自律性への欲求の充足は従業員の課題パフォーマンス（自らの役割を遂行する程度）ならびに2つの組織市民行動（自発的な協力行動）に有意な効果を持つことを明らかにしています。

図表8-3　3つの基本的心理欲求を充足するサーバント・リーダーシップの効果

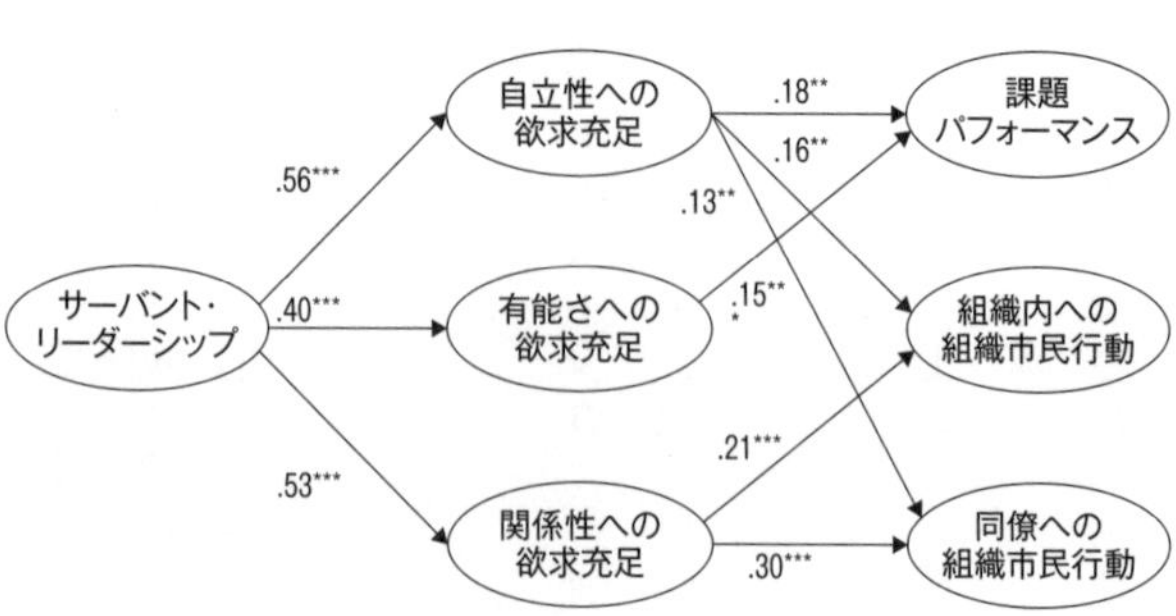

（出典：Chiniara & Bentein（2015）を基に作成）

③協力行動の促進と協力する風土の醸成

最新の研究によって明らかになった、サーバント・リーダーシップの最も優れた効果として、リーダーが従業員に奉仕することで、それが組織内に波及し、従業員同士の協力や連携を生み出すことがあります。さらに、その協力が他の従業員に伝染し、職場全体に協力する風土が生まれていきます。

サーバント・リーダーシップのジレンマ

以上、サーバント・リーダーシップの効果を解説してきました。特に、メンバーを主体とすることから、彼らの自律的モチベーションや自発的な協力を生み出すなど、他のリーダーシップには見られない効果が確認されています。

ただし、サーバント・リーダーシップを発揮すれば、すぐに物事がうまくいくわけではありません。サーバント・リーダーシップには、大きなジレンマが潜んでいます。

①効果の即時性が低い

最も大きなジレンマは、すぐに期待する効果が生まれるわけではないという点です。例えば、管理者がサーバント・リーダーシップを発揮して、職場の従業員に仕事を任せ、それを支援したとしても、すぐに自律的に動いてくれる保証はありません。従業員が、仕事を任されたことに戸惑い、困惑することもあるでしょう。サーバント・リーダーは、そうした従業員の気持ちを慮りながら、持続的に支援し続ける必要があります。

こうした観点からリーダーシップを考えると、指示命令やアメとムチ（報酬と罰）が多用される背景には、結果を急いでしまう心理があると理解できます。親が子どもに勉強をさせるために、しばしば玩具などの報酬をちらつかせるのは、まさにこうした心理と符合します。

自律的に行動して成長していくまでには、長い時間が掛かるかもしれません。しかし、従業員を信じて支援し続けることが求められます。

②メンバーの成熟度を考慮する必要がある

次のジレンマは、メンバー主体でありつつも、メンバーの成熟度に応じた働きかけを考える必要があることです。例えば、行動科学者であるハーシーとブランチャードは、メンバーの成熟度に応じた効果的なリーダーシップ・スタイルを示しています。彼らは、メンバーの成熟度が低いときには、やや指示的行動を中心とし、能力と意欲が高くなるなど成熟度が高まるにつれて、徐々に権限を委譲することの必要性を説いています。この理論が示唆するのは、メンバーの意欲と能力が低いときのサーバント・リーダーとしての働きかけです。メンバーの意向や考えを尊重しながらも、教示的な働きかけが必要になります。

③意思決定に時間がかかる

その次のジレンマは、意思決定までに時間がかかってしまうという点です。メンバー主体であるため、普段はメンバーの意見や議論を尊重しながら職場やチームの方針を決定していく必要があります。ただし、緊急時など迅速な決定が求められるときには、リーダー主導でやらざるを得ないこともあります。

サーバント・リーダーシップの落とし穴

サーバント・リーダーシップでは、メンバーを支援しながら目標達成に導くことから、メンバー一人ひとりに向き合い、彼らの不安や課題にも耳を傾けることが求められます。それによって、メンバーはサーバント・リーダーに対して情緒的な信頼を抱き、リーダーとメンバーとの間に関係性が形成されます。そうした関係性は、リーダーシップを発揮していくうえで重要な営みです。しかし、ここに気をつけるべき落とし穴があります。

メンバーに向き合う必要があるものの、その問題に向き合い過ぎると、かえってリーダーとして成すべき目標やビジョンが過度に揺らいでしまう危険性があるということです。これに対処するには、メンバーに向き合いながらも、実現すべきビジョンを繰り返し確認することが必要です。

3　サーバント・リーダーシップの実践

サーバント・リーダーシップを実践していくために必要なことを考えてみましょう。

フォロワーに対する奉仕や支援のマインドセットを形成する

サーバント・リーダーシップを実践するうえで、まず中核となるのは、フォロワー（ここではチームのメンバー）を「奉仕」や「支援」を通じて目標達成に導くマインドセットを形成することです。サーバント・リーダーシップを提唱したグリーンリーフは、「真のリーダーはフォロワーに信頼されており、まず人々に奉仕することが先決である」と提言していますが、まさにこのマインドセットの必要性を示しているといえます。

こういった「リーダーとはどうあるべきか」という考え方が、リーダーとしての振る舞い方に影響を与えることは古くから知られています。マサチューセッツ工科大学のマクレガー教授は、管理者から見た労働者の人間観をX理論、Y理論で表現しています（なお、ここでいう「理論」とは、数多くの実証的な知見に裏付けされたメカニズムや原理を指すものではなく、素朴な考え方を意味しています）。

X理論とは「人間は生来怠け者で、強制されたり命令されなければ仕事をしない」とする考え方であり、もう一方のY理論とは「人間は本来勤勉であり、自ら進んで責任を受け入れ、仕事に取り組もうとする」とする考え方です。前者は性悪説、後者は性善説に基づいた見方ともいえます。マクレガーは、管理者がどちらの見方に立つかによって、労働者を動機づけるマネジメントスタイルに違いが出ると説いています。具体的には、X理論に基づけば、アメとムチ（報酬と罰）によって動機づけようとし、Y理論に基づけば、目標や責任によって動機づけようとするとされています。

このマクレガーのX理論とY理論の議論は、サーバント・リーダーシップ、あるいはその対極と捉えられているトップダウン・リーダーシップを行う動機を理解するうえで、非常に参考になります。つまり、トップダウン・リーダーシップにおいて、リーダーがメンバーに対してアメとムチを使い分けつつ指示命令する背景には、「メンバーはリーダーがコントロールしないと期待する働きはできない」という考え方があります。メンバーに対する期待も信頼も欠けていることがうかがえます。

一方で、サーバント・リーダーシップに基づき、メンバーに仕事を任せて支援する背景には、「メンバーは一生懸命働いてくれる」という期待と信頼があります。ただし、仕事を任せたとしても、すぐに期待する成果が得られる保証はありません。むしろ、リーダーが期待する働きを見せることにすら、時間を要することがあるでしょう。この点に、メンバーを信頼することの難しさがあります。リーダーには、粘り強く待つことが求められるのです。

サーバント・リーダーに求められる行動特性を身につける

サーバント・リーダーシップとは、具体的なスキルや方法論ではなく、実践哲学だと説明しました。リーダーシップに対する信念や考え方とも表現することができます。

したがって、サーバント・リーダーシップをどのように実践するかは、これをどのように解釈するかによってさまざまです。また、リーダーが組織のどの階層に位置する管理者なのか、メンバーがどの程度成熟しているか、メンバーの取り組む課題が単調なものか、あるいは自律性や創造性が求められるものかなどによって、実践するサーバント・リーダーシップのあり方は変わってきます。ここにサーバント・リーダーシップを実践する難しさがあります。

一方で、サーバント・リーダーには共通する行動特性が存在します。アメリカのグリーンリーフ・センターの元所長であるスピアーズは、図表8－4に示すように、サーバント・リーダーに求められる10の行動特性を挙げています。この10の行動特性は、大きく3つに整理することができます。

①フォロワーに対する傾聴と共感

1つ目は、「フォロワーに対する傾聴と共感」に関する行動特性です。メンバーを支えて、活かし、成長を支援するためには、メンバーが何を望んでいるかについて、まずはしっかり耳を傾ける「傾聴」が求められます。フォロワーを支援するには、まずはフォロワー自身のことを適切に理解することが重要です。

傾聴によってフォロワーの不安や課題を引き出したあとは、それを決して否定せずに、フォロワーの立場から理解する「共感」が求められます。これによって、メンバーはリーダーに対して安心と信頼を抱くようになります。この際、決してリーダーの立場から否定

図表8－4　サーバント・リーダーに求められる10の行動特性

特　徴	内　容
①フォロワーに対する傾聴と共感	
傾　聴	相手が望んでいることを聞き出すために、まずは話をしっかり聞き、どうすれば役に立つか考える。
共　感	相手の立場に立って相手の気持ちを理解する。
癒　し	相手の心を癒す言葉をかけ、本来の力を取り戻させる。
気づき	先入観や偏見にとらわれず、気づきを得ようとする。また、従業員に気づきを与える。
②共感を引き出すビジョンの設定	
先見力	過去の経験に学び、現実をよく見て、次に起こり得ることを予測できる。
概念化	個人や組織のあるべき姿（ビジョン）を具現化する。
説　得	相手とコンセンサスを得ながら納得を促す。
③職務遂行と成長に対する支援	
奉　仕	自分が利益を得ることよりも、相手に利益を与えることに喜びを感じる。
成長への関与	仲間の成長をもたらすことに深い関心を持つ。それぞれの持つ価値や可能性に気づくことができる。
コミュニティづくり	人々が大きく成長できる協働の場をつくり出せる。

をせずに、フォロワーの視点に立って考え、気持ちに寄り添うことが重要です。

そして、メンバーの不安や悩みに寄り添いながら、それを軽減するように心を和ませ、本来持っている力を取り戻させる「癒やし」もサーバント・リーダーの特徴の一つです。

さらに、サーバント・リーダーは、一人ひとりのメンバーに対して、主観や思い込みに惑わされず、ありのままを見て「気づき」を得る必要があります。また、自分自身に対する気づきとしての自己認識も重要です。この視点は、昨今のリーダーに強く求められる倫理観とも関わってきます。

②共感を引き出すビジョンの設定

2つ目のカテゴリーは、チームや職場での「共感を引き出すビジョンの設定」です。そのためには、過去の教訓から学ぶとともに、組織やチームに将来起こり得る出来事を見通す「先見力」が必要です。そして、組織やチームの強みを活かしつつ、将来成すべきこと、あるべきことを具現化したビジョンを設定する「概念化」が求められます。さらに、サーバント・リーダーは、掲げるビジョンを強制するのではなく、それがなぜ必要なのか論理的にメンバーに伝え、納得してもらわなければなりません（「説得」）。

③職務遂行と成長に対する支援

3つ目のカテゴリーは「職務遂行と成長に対する支援」です。サーバント・リーダーシップの特徴を最も表した内容になります。まずは、メンバーの職務遂行をサポートしたり、支援する「奉仕」が挙げられます。同時に、メンバーの「成長への関与」が求められます。これは、リーダーが教示的に伝えるだけでなく、メンバーが自らの経験から学習するために、その振り返りを支援することを指します。また、職場以外の関わりの重要性を説き、それを促す「コミュニティづくり」もサーバント・リーダーの特徴といえます。

課題遂行過程から見たサーバント・リーダーシップ

サーバント・リーダーシップについて、いつどのように実践するかを理解するには、九州大学の古川久敬名誉教授の枠組みが非常に参考になります。

古川氏は、メンバーが目標達成に向けて課題に取り組む過程として、「着手段階」、「中途段階」、そして「完了・結果段階」に分けています。この段階ごとにメンバーに抱いてほしいモチベーションが、着手段階では「やってみよう」、中途段階では「やり続けよう」、そして完了結果段階では「やって良かった、また次も」であることを第2章で説明しました。これらに有効なサーバント・リーダーとしての働きかけを考えてみましょう。

①着手段階での働きかけ

メンバーが課題に取り組む前の段階では、リーダーは単に仕事を押しつけるのではなく、その仕事がどのような意義を持っているかをしっかり伝えなければなりません。

例えば、その仕事が顧客にもたらす意義や、組織におけるその業務の位置づけなどを理解すれば、その仕事の重要性や価値を理解することができ、前向きに取り組むことができるようになります。

図表8－5　サーバント・リーダーシップに基づくモチベーション・マネジメント

	着手段階（取り組む前）「やってみよう」	中途段階（遂行途上）「やり続けよう」	完了・結果段階「やってよかった、また次も」
メンバーの意識（心理）	●取り組む課題の意義がわかる 1興味の実現や自己成長（知識やスキルの獲得） 2顧客や組織の発展への貢献 3職場や同僚（チーム）への貢献 ●方法論やシナリオが見える	●自分の活動の確認（自省） ●進歩や進歩が自覚できる ●効力感（手応え）を感じる ●解決や達成への糸口や筋道が見える ●周りとの協力関係	●達成感を感じる ●自己成長感 ●公正感 （自己内／他者比較）
周囲の働きかけ（管理者や同僚）	●課題と役割を明確にする（意味づけをする） ●期待や信頼を寄せる ●指示や要請をする	●関心を寄せ注目する ●助言や相談にのる ●激励や支援をする ●フィードバックをする ●判断や裁量を尊重する	●ねぎらい、感謝をする ●工夫や努力の承認や賞賛 ●評価をし、報酬を用意する

（出典：古川（2010）を基に筆者が一部修正）

さらに、その仕事を任せるに至ったメンバーへの期待や信頼もしっかり明示しておく必要があります。「○○なあなただから任せたい」というように、本人に仕事を任せる理由を伝えるとよいでしょう。

②中途段階での働きかけ

取り組み始めてから成功あるいは失敗の結果が出るまでの中途段階は、長い時間です。この中途段階でこそ、サーバント・リーダーは、メンバーの取り組む様子を観察して、必要に応じて支援やサポートをしなければなりません。

そのために、メンバーが仕事に取り組んでいる様子や姿勢などに注目しながら、適宜相談にのったり、助言を与えることも必要です。また、諦めずにやりきれるように、激励や支援することも求められます。

③完了・結果段階での働きかけ

成功あるいは失敗の結果が得られたら、公式的な評価だけでなく、精神的な報酬としてのねぎらいや感謝の意を伝えることは、メンバーにとって大きな喜びになります。また、たとえ期待する結果が得られなかったとしても、取り組んだ過程における努力や工夫した点についてはしっかり賞賛すべきです。それが、メンバーの成長につながるのです。

本章のポイント

■管理者がメンバーに強く働きかけると、かえって自律性が脅かされる危険性がある。
■働く人々の自律的なモチベーションを引き出す可能性を持つのがサーバント・リーダーシップ。
■サーバント・リーダーシップでは、リーダーは実現すべきビジョンのもと、メンバーに仕事を任せ、仕事の遂行や成長を支援する役割を担う。
■サーバント・リーダーシップでは、メンバーに向き合い過ぎると、かえってビジョンの実現がおろそかになる危険性がある。

あとがき

本書は、日本経済新聞の「やさしい経済学」にて2019年5月14日〜23日に連載された「働き方の変化とモチベーション」をもとにまとめられました。新聞記事が掲載されて間もなく、日本法令編集部から単行本の出版のお話をいただき、日頃の研究の成果などを一般の方に読んでいただく絶好の機会と考えて快諾したものの、原稿を仕上げるまでに長い時間がかかってしまいました。

日頃の多忙さに追われて、なかなか筆が進まないなか、原稿の締め切りを迎える時期に、私たちの世界が大きな脅威に直面しました。新型コロナウイルス感染症です。当初は我が国も対岸の火事と見ていたものの、瞬く間に国内でも感染が広がりました。それにより、職場に出社して、同じ場所で同僚とともに働くことや、会議や商談のために交通機関を使って出張すること、さらには仕事関係者とお酒を交わしながら懇親の機会を持つなど、これまで当たり前と考えていた「働き方」そのものを見直さざるを得なくなりました。

こうした働き方の変化に直面している現在、この変化が、働くエネルギーともいえる「モチベーション」にどのような影響を与えるのか。そして、それをどのように克服することができるのか。また、こうした環境で人々が活き活きと働くためのリーダーシップとは、どうあるべきか。これを論じることの重要性を強く感じたことが、本書を書き上げる後押しとなりました。

働き方が変化する状況において、モチベーションと関連する重要テーマやトピックについて学術的な理論や知見をもとに議論し、可能な限り最新の研究などを盛り込みながら原稿を書き進めましたが、筆者の力量不足により、それがどこまで読者に伝わっているか甚だ不安を拭いきれませんが、本書を手に取った方々から批判を含めてご感想等をいただけると幸甚に存じます。

筆者にとって、はじめての単著になりますが、本書の刊行に至るまでには多くの方々に支えられてきました。

まず、筆者にとって大学院からの恩師であり、研究者としての道を導いてくださった古川久敬先生（九州大学名誉教授）には心より感謝致します。修士課程の研究の駆け出しの頃、リーダーシップ研究で新しい研究計画を見出せず行き詰まっているときに、研究室で古川先生から教わった「社会心理学のどのような研究も、リーダーシップの視点から考えると新しい研究アイデアが見えてくる」という言葉を今でもよく覚えています。本書の中心的なテーマであるモチベーション研究や、それをリーダーシップから捉えようとする視点も、まさに古川先生の教えによるものです。

次に、九州大学の山口裕幸先生にも深く感謝申し上げます。山口先生は、大学院時代からの恩師であり、現在では九州大学の同僚として、いつも私に大きな刺激と、働きやすい環境をご提供いただいています。本書の執筆途中にも、山口先生からの励ましが大きな支えとなりました。また、学部時代に学問の面白さと研究へのきっかけを与えてくださった田﨑敏昭先生（佐賀大学名誉教授）にもお礼申し上げます。

このほかにも、九州大学の先輩方や同年代、また後輩の皆さんの存在は、研究を続けていくうえでの大きな刺激となるとともに、励みになっています。すべての皆さんのお名前を挙げることはできませんが、筆者が大学院から研究を楽しく、面白く続けてこられたのは、九大の仲間の存在のおかげです。また、学会や研究会、そして読書会などでもたくさんの研究仲間に支えられてきました。多くの研究仲間のなかでも、モチベーションを研究するきっかけとなった森永雄太先生（武蔵大学）には特に感謝申し上げたいと思います。森永先生とは、２０１３年にドイツのミュンスターで行われた国際学会で出会い、モチベーション研究について語り合ったことから共同研究がスタートしました。森永先生と出会わなければ、筆者がモチベーションの研究を行うことはなかったかもしれません。

企業の皆様にも多くのご支援をいただきました。守秘義務の関係で個別企業を挙げることはできませんが、多くの皆様が研究にご協力くださったことで、その成果を世に発信する機会を得ることになりました。このほかにも、原子力安全システム研究所との共同研究も、安全の現場でのモチベーションの重要性に気づくきっかけをいただきました。その機会をいただいた金山副所長（現在、原子力安全推進協会）をはじめとする共同研究のメンバーの皆さんにもお礼申し上げます。

また、本書の出版を勧めていただいた日本法令の白山美沙季さんには、原稿の執筆が大幅に遅れるなかでも、いつもあたたかく見守っていただきました。

最後に私事になりますが、私が決めた進路と仕事をいつも尊重してくれて応援し続けてくれている両親と姉、私たち家族をいつも支えてくれている義理の両親、院生時代から研究や原稿執筆の際にいつも叱咤激励をくれる妻、そして本書の執筆を励まし続けてくれた子どもたちにも感謝申し上げます。

池田　浩

ney, L. M., & Weinberger, E. (2013) Servant leaders inspire servant followers: Antecedents and outcomes for employees and the organization. Leadership Quarterly, 24, 316-331.

池田浩(2015)「サーバント・リーダーシップが職場をアクティブにする」島津明人編『職場のポジティブメンタルヘルス：現場で活かせる最新理論』誠信書房 Pp.85-93.

池田浩(2017)「サーバント・リーダーシップ」坂田桐子編著『社会心理学におけるリーダーシップ研究のパースペクティブⅡ』ナカニシヤ出版 Pp.109-124.

池田浩(2019)「リーダーシップ」角山剛編『組織行動の心理学：組織と人の相互作用を科学する』北大路書房 Pp. 99-122.

Lewin, K., and Lippit, R. (1938) An experimental approach to the study of democracy and autocracy: a preliminary note. Sociometry, 1, 292-300.

Liden, R. C., Wayne, S. J., Liao, C., & Meuser, J. D. (2014) Servant leadership and serving culture: Influence on individual and unit performance. Academy of Management Journal, 57(5), 1434-1452.

Spears, L. C. (1995) Reflections on leadership: How Robert K. Greenleaf's theory of servant-leadership influenced today's top management thinkers. New York: John Wiley.

Spears, L.C. & Lawrence, M. (2002) Focus on leadership: Servant-Leadership for the twenty-first century. New York: John Wiley.

Tepper, B. J. (2000) Consequences of abusive supervision. Academy of Management Journal, 43(2), 178-190.

Tepper, B. J. (2007) Abusive Supervision in Work Organizations Review, Synthesis, and Research Agenda. Journal of Management, 33, 261-289.

1301.
Steiner, I. D. (1972) Group Process and Productivity. New York, NY: Academic Press.
Vroom, V. H. (1964) Work and motivation. New York, NY: Wiley.

第7章

McCraty, R., & Childre, D. (2002) The Appreciative Heart: The Psychophysiology of Appreciation. The psychology of positive emotions and optimal functioning, 1-21.
McCullough, M. E., & Emmons, R. A. (2003) Counting blessings versus burdens: An experimental investigation of gratitude and subjective well-being in daily life. Journal of Personality and Social Psychology, 84(2), 377-389.
Seligman, M. E., Steen, T. A., Park, N., & Peterson, C. (2005) Positive psychology progress: empirical validation of interventions. American psychologist, 60(5), 410-421.
池田浩(2015)「組織における「感謝」感情の機能に関する研究」2015年度組織学会研究発表大会発表論文集 Pp.120-125

第8章

Avolio, B. J. (1999) Full leadership development: Building the vital forces in organizations. Thousand Oaks, CA: Sage.
Bass, B. M. (1985) Leadership and performance beyond expectations. New York: Free Press.
Chiniara, M., & Bentein, K. (2016) Linking servant leadership to individual performance: Differentiating the mediating role of autonomy, competence and relatedness need satisfaction. The Leadership Quarterly, 27(1), 124-141.
Greenleaf R. K. (1970) The Servant as Leader, Indianapolis, IN: Greenleaf Center.
House, R. J., & Howell, J. M. (1992) Personality and charismatic leadership. The Leadership Quarterly, 3(2), 81-108.
Hunter, E. M., Neubert, M. J., Perry, S. J., Witt, L. A., Pen-

(2nd ed.). New York: Oxford University Press.
スポーツ庁「平成30年度 スポーツの実施状況等に関する世論調査」https://www.mext.go.jp/prev_sports/comp/b_menu/other/__icsFiles/afieldfile/2019/10/15/1421921_1.pdf(2020年7月1日閲覧)
Harrison. D. A. & Klein, K. J. (2007) What's the difference? Diversity constructs as separation, variety, or disparity in organizations. Academy of Management Review, 32(4), 1199-1228.

第6章

Baltes, B. B., Dickson, M. W., Sherman, M. P., Bauer, C. C., & LaGanke, J. S. (2002) Computer-mediated communication and group decision making: A meta-analysis. Organizational behavior and human decision processes, 87(1), 156-179.
Hertel, G. & Hüffmeier, J. (2020) Temporal stability of effort gains in teams. In Karau, S. J. (Ed.), Individual motivation within groups: Social loafing and motivation gains in work, academic, and sports teams (pp. 109-148). New York: Academic Press.
Karau, S. J., & Williams, K. D. (2001) Understanding individual motivation in groups: The collective effort model. In M. E. Turner (Ed.), Groups at work: Theory and research (pp. 113-141). Mahwah, NJ: Lawrence Erlbaum Associates.
Latané, B., Williams, K., & Harkins, S. (1979) Many hands make light the work: The causes and consequences of social loafing. Journal of Personality and Social Psychology, 37(6), 822-832.
Mitchell, T. R., & Silver, W. S. (1990) Individual and group goals when workers are interdependent: Effects on task strategies and performance. Journal of Applied Psychology, 75, 185-193.
O'Leary-Kelly, A.M., Martocchio, J.J., & Frink, D.D. (1994) A review of the influence of group goals on group performance. Academy of Management Journal, 37, 1285-

Rubinstein, J. S., Meyer, D. E., & Evans, J. E. (2001) Executive control of cognitive processes in task switching. Journal of Experimental Psychology: Human Perception and Performance, 27(4), 763-797.

Shin, J., & Grant, A. M. (2019) Bored by Interest: How Intrinsic Motivation in One Task Can Reduce Performance on Other Tasks. Academy of Management Journal, 62(2), 415-436.

第4章

ホックシールド・A・R(2000)『管理される心―感情が商品になるとき―』(Hochschild, Arlie R. (1983) The Managed Heart : Commercialization of Human Feelings. Berkeley, California : University of California Press 石川准／室伏亜紀訳,世界思想社)

池田浩(2019)「感情労働がワークエンゲイジメントを脅かすとき：感謝特性の媒介効果および仕事の意義の調整効果の検討」日本社会心理学会 第60回大会発表論文集

松本真作(2016)「サービス業に求められる能力, 適性, 意識, 行動：「５万人の就業者Web職業動向調査」のデータ分析より(特集 サービス産業の雇用と労働)」日本労働研究雑誌, 58(1), 40-57.

関谷大輝(2016)『あなたの仕事、感情労働ですよね？』共栄書房

第5章

Cattell, R. B. (1963) Theory of fluid and crystallized intelligence: A critical experiment. Journal of Educational Psychology, 54(1), 1-22.

金井壽宅(2002)『働くひとのためのキャリア・デザイン』PHP研究所

内閣府(2015)「平成27年度 第８回高齢者の生活と意識に関する国際比較調査結果(全体版)」https://www8.cao.go.jp/kourei/ishiki/h27/zentai/pdf/kourei_h27_1.pdf(2020年７月１日閲覧)

Schaie, K. W. (2013) Developmental influences on adult intellectual development: The Seattle Longitudinal Study

(2021)「安全の現場に求められるワークモチベーション：安全志向的モチベーションの効果とその源泉としての自己価値充足モデル」産業・組織心理学研究
Locke, E. A., & Latham, G. P. (1990) *A theory of goal setting and task performance.* Englewood Cliffs, NJ: Prentice Hall.
森永雄太(2010)「モティベーションの変動に関する探索的研究－デイリーログ法を用いて」人材育成研究, 5(1), 3-15.
森永雄太(2017)「"つまらない仕事"を変える自律的な働き方：ジョブ・クラフティングの実践」President Online (https://president.jp/articles/-/23731)(2020年9月1日最終閲覧)
パーソル総合研究所(2020)「第二回　新型コロナウイルス対策によるテレワークへの影響に関する緊急調査」(2020年4月10日～12日)
Rosso, B. D., Dekas, K. H., & Wrzesniewski, A. (2010) On the Meaning of Work A Theoretical Integration and Review. Research in Organizational Behavior, 30, 91-127.
東京商工会議所(2020)「企業向け新型コロナウイルス対策情報第8回在宅勤務者のメンタルヘルス対策」(2020年4月28日) https://www.tokyo-cci.or.jp/page.jsp?id=1021905 (2020年12月3日閲覧)

第3章

Baumeister, R. F., Bratslavsky, E., Muraven, M., & Tice, D. M. (1998) Ego depletion: Is the active self a limited resource?. Journal of personality and social psychology, 74(5), 1252.
古川久敬／柳澤さおり／池田浩(2010)『人的資源マネジメント:「意識化」による組織能力の向上』白桃書房
Leroy, S. (2009) Why is it so hard to do my work? The challenge of attention residue when switching between work tasks. Organizational Behavior and Human Decision Processes, 109(2), 168-181.
Leroy, S., & Schmidt, A. M. (2016) The effect of regulatory focus on attention residue and performance during interruptions. Organizational Behavior and Human Decision Processes, 137, 218-235.

引用・参考文献

第1章

池田浩／森永雄太(2017)「我が国における多側面ワークモチベーション尺度の開発」産業・組織心理学研究,30(2), 171-186.

Lawler III, E. E., & Porter, L. W. (1967) Antecedent attitudes of effective managerial performance. Organizational behavior and human performance, 2(2), 122-142.

Taylor, F. W(1911) Principles of Scientific Management. Haper & Brothers (有賀裕子訳『新訳　科学的管理法―マネジメントの原点』ダイヤモンド社, 2009)

Kanfer, R. (1990) Motivation theory and Industrial/ Organizational psychology. In M. D. Dunnette and L. Hough (Eds.), Handbook of industrial and organizational psychology. Volume 1. Theory in industrial and organizational psychology. Palo Alto, CA: Consulting Psychologists Press. pp.75-170.

Mitchell, T. R. (1997) Matching motivational strategies with organizational contexts. Research in Organizational Behavior, 19, 57-149.

第2章

有吉美恵／池田浩／縄田健悟／山口裕幸(2018)「ワークモチベーションの規定因としての社会的貢献感：トラブル対応が求められる職務を対象とした調査研究」産業・組織心理学研究, 32, 1, 3-14

Carver, C. S., & Scheier, M. F. (1998) *On the self-regulation of behavior.* New York: Cambridge University Press.

Deci, E. L. (1975) Intrinsic motivation. New York, NY: Plenum Press.

Deci, E. D., & Ryan, R. M. (2002) *Handbook of self-determination research.* New York: University of Rochester Press.

古川久敬／柳澤さおり／池田浩(2010)『人的資源マネジメント：「意識化」による組織能力の向上』白桃書房

古川久敬(2011)『組織心理学』培風館

池田浩／秋保亮太／金山正樹／藤田智博／後藤学／河合学

著者略歴

池田　浩（いけだ ひろし）

1977年生まれ。2006年九州大学大学院博士後期課程修了 博士（心理学）。日本学術振興会特別研究員、英知大学助教、福岡大学准教授を経て、現在、九州大学大学院人間環境学研究院准教授。専門は、産業・組織心理学、社会心理学。組織における効果的なマネジメントとして、部下を支援するサーバント・リーダーシップやワーク・モチベーションを主たる研究テーマとしている。主な著書に『産業と組織の心理学』（編著、サイエンス社）、『人的資源マネジメント：「意識化」による組織能力の向上』（共著、白桃書房）、『職場のポジティブメンタルヘルス』（共著、誠信書房）、『〈先取り志向〉の組織心理学：プロアクティブ行動と組織』（共著、有斐閣）など。

モチベーションに火をつける

働き方の心理学

令和3年2月20日　初版発行

検印省略

日本法令®

〒101-0032
東京都千代田区岩本町1丁目2番19号
https://www.horei.co.jp/

著　者　池　田　　浩
発行者　青　木　健　次
編集者　岩　倉　春　光
印刷所　日本ハイコム
製本所　国　　宝　　社

(営　業)　TEL　03－6858－6967　Eメール　syuppan@horei.co.jp
(通　販)　TEL　03－6858－6966　Eメール　book.order@horei.co.jp
(編　集)　FAX　03－6858－6957　Eメール　tankoubon@horei.co.jp

(バーチャルショップ)　https://www.horei.co.jp/iec/
(お詫びと訂正)　https://www.horei.co.jp/book/owabi.shtml
(書籍の追加情報)　https://www.horei.co.jp/book/osirasebook.shtml

※万一、本書の内容に誤記等が判明した場合には、上記「お詫びと訂正」に最新情報を掲載しております。ホームページに掲載されていない内容につきましては、FAXまたはEメールで編集までお問合せください。

ISBN 978－4－539－72811－6